JN294650

THE
ATHLETE'S
GUIDE TO
RECOVERY

リカバリー
－アスリートの疲労回復のために－

SAGE ROUNTREE 著

山本 利春 監訳
国際武道大学教授
NPO法人コンディショニング科学研究所理事長

NAP
Limited

監　訳：山本　利春
　　　　（国際武道大学体育学部教授・NPO法人コンディショニング科学研究所理事長）

翻　訳：太田　千尋
　　　　（慶應義塾大学ラグビー部フィジカルコーチ・NPO法人コンディショニング科学研究所副理事長）

　　　　笠原　政志
　　　　（国際武道大学体育学部助教・NPO法人コンディショニング科学研究所理事）

　　　　Aviva L.E. Smith Ueno
　　　　（明治学院大学国際学部非常勤講師）

注意：すべての学問は絶え間なく進歩しています。研究や臨床的経験によってわれわれの知識が広がるに従い、各種方法などについて修正が必要になります。ここで扱われているテーマに関しても同じことがいえます。本書では、発刊された時点での知識水準に対応するよう著者・訳者および出版社は十分な注意をはらいましたが、過誤および医学上の変更の可能性を考慮し、本書の出版にかかわったすべての者が、本書の情報がすべての面で正確、あるいは完全であることを保証できませんし、本書の情報を使用したいかなる結果、過誤および遺漏の責任も負えません。読者が何か不確かさや誤りに気づかれたら出版社にご一報くださいますようお願いいたします。

Authorized translation of the original English edition,
The athlete's guide to recovery: rest, relax, and restore for peak performance
by Sage Rountree
Copyright © 2011 by Sage Rountree

Translation copyright © 2013 by NAP Limited, Tokyo
All Right reserved.

Printing and Bound in Japan

訳者序

　スポーツやトレーニングを行った後に生じる疲労を，すぐに取り除ける。もしもそんな魔法があったならば，どんなに高価であっても飛びつくコーチや選手は多いのではないでしょうか。それは日々仕事にあけくれるビジネスパーソンから家事に追われる家庭の主婦などの日常生活においてもきっと同じことでしょう。

　試合や日々の練習を山登りに例えるなら，苦労なく山の頂上に到達することはありません。目標を立てそれを目指しゴールした喜びは，達成しなければ味わえないのです。負荷を高めて強度のある運動を行い，それに伴って生じた疲労を取り除きさらに負荷や強度を高めていく。パフォーマンスを最大限に発揮するためには，また，オーバーユースやオーバートレーニングを予防するためにも運動後の積極的な疲労回復は重要です。

　近年では，練習直後に軽運動やストレッチングを中心にクールダウンが普及していますが，競技によって運動様式や時間，環境が異なり，その効果を高めるにはリカバリーの手段を適切に選択する必要があります。疲労は，運動刺激の違いや環境，あるいは体力レベルなどによって異なって現われます。また，その程度や状態も個人差が生じることも多いと言えます。そのため，現在奨励されているリカバリーの方法を，より科学的な情報をもとに自分自身の状況に応じて選択し，調節したりすることで，疲労を速やかに取り除き，回復させることが，よりよいコンディションを維持することにつながるはずです。

　本書では，リカバリーを客観的，主観的に評価し，その方法を適切に利用することの知識や，リカバリーの方法と種類，特徴，疲労状況に応じたリカバリー方法の選択についてなど，これまでの国内の書物には見ることのできなかったリカバリーに関する多くの知見が満載です。

　自らのパフォーマンスを向上させるために最短の道を探すことは，その

時々の自分に合ったリカバリー方法をいち早く見つけることでしょう。
　本書はそんな魔法を見つけるきっかけになるかもしれません。

2013 年 4 月

　　　　　　　　　　　　　　　　　　　　訳者を代表して　山本　利春

もくじ

訳者序　iii
はじめに　vii
謝　辞　ix

PART I　リカバリーの定義と測定

1　なぜリカバリーが大切なのか　3
2　オーバートレーニングを回避する　17
3　リカバリーを測定する　23
4　リカバリーの定量的な評価　37
5　ケガと病気からのリカバリー　51

PART II　リカバリーテクニック

6　アクティブ・リカバリー　59
7　ストレスの解消　69
8　睡　眠　79
9　栄養と水分摂取　87
10　サプリメント　99
11　冷却療法と温熱療法　109
12　セルフリカバリー法　119
13　リカバリーのために用いる機器　129

v

14　マッサージ　　135
15　セルフ・マッサージ　　151
16　リカバリーに役立つヨガ　　161
17　瞑想と呼吸　　175

PART III　リカバリー・プロトコル

18　まとめ　　187
19　ショート・ディスタンス・トレーニングと
　　レースからのリカバリー　　195
20　ロング・ディスタンス・トレーニングと
　　レースからのリカバリー　　201

付録A　トレーニングへの復帰　　207
付録B　リカバリーまでの日数　　217
参考文献および推薦図書　　221
索　引　　225

はじめに

　持久的スポーツは，身体の限界に挑戦するためにあるといっても過言ではないでしょう。自分の身体を限界まで動かした後，休息をとって疲労した身体をリカバリーさせることを繰り返します。このプロセスは簡単な繰り返しのようにみえますが，それほど単純ではありません。身体の限界は常に変化します。アスリート1人ひとり，年によって，月によって，そして日々変わるのです。リカバリーにはどのくらいの時間が必要かも判断しにくいことです。休息をとりすぎると，目標が達成できないかもしれませんし，十分な休息をとらなければ，パフォーマンスがだんだん悪くなり，もとにもどるのに何日も何週間も，何年間もかかってしまうことになるかもしれません。最も重要なポイントは，運動と休息の最適なバランスを見つけることです。そして本書に書いてあるリカバリーの手段を実践することで，最適なバランスを見つけるきっかけになります。

　私は，アスリートとして常に自分の体力の限界に挑戦しようとしています。走りすぎて，脛骨の疲労骨折をしたこともあります。しかし，そのようなときでも体力を落とさないためにプールで走りました。フィールドテストをやりすぎたり，何ヵ月もマラソンのトレーニングをしたりして，逆効果になってしまったこともあります。リカバリーに時間をかけることは，大変なことだとはわかっていますが，身体には絶対に必要なことなのです。

　コーチングをしているアスリートのために，休息のための時間をスケジュールに加えてあげることも非常に重要な仕事の1つです。トレーニングを休ませたり，休んだほうがいいことをアスリートによく言い聞かせなければなりません。アスリートと話したりトレーニング日誌を見たりすれば，どのくらい身体の限界に近づいているのかが確認できます。そしてトレーニングプログラムを控えめにしたり，疲労からリカバリーできるような時間をとるよう

にすすめたりもしています。

　本書で紹介したリカバリーの手段を利用していくことで，身体の自己分析ができるようになるでしょう。ここで紹介した方法は，ヨガを参考にしたり，スポーツ医・科学による裏づけもされたりしています。さらに，多くのアスリートの体験を通して，有効な手段であることが証明されています。本書で述べた手段を用いてリカバリーをすることによって，自分の最良のパフォーマンスを達成しながら，日常生活とのバランスもとれるようになります。

　PART I では，リカバリーが十分でなく，オーバートレーニングの状態にあると，心理的，身体的にどのようになるのかについて述べています。また，リカバリーをどのように測定するのか，さらに病気やケガの後，トレーニングを再開するためのガイドラインも示します。

　PART II では，リカバリーやパフォーマンスを向上させるために必要な具体的な方法について説明します。ストレスの解消や，栄養やサプリメントの摂取方法，マッサージなどの方法を具体的に説明します。ヨガのポーズや呼吸法，瞑想方法を学ぶことで，リカバリーや健康状態を向上させる技術も学びます。この PART II では，各章のはじめに，その方法を実践するためにかかる時間や費用，簡便性や信頼性の目安となるよう私なりの評価を記載しました。リカバリーの方法には，費用のかからないものも数多くあります。その第一は，睡眠時間を十分にとることです。また，ストレスの軽減を図ることやセルフケアにあてる時間を確保することにも費用はかかりません。

　最後に PART III では，トレーニングすることからどうやってリカバリーを図るかということをまとめました。この PART III がスターティング・ポイントになります。ここを読めば，自分がどういう習慣づけをすればよいのかを考えることができます。

　この本に説明してあるポイントを活用していくことで，自分自身のリカバリーのスピードと質を向上させ，パフォーマンスを向上させることができ，スポーツをしながら，日常生活とのバランスをうまくとり，幸せな人生を送ることができるようになります。

謝　辞

　この本の執筆はスーザン・ハットン先生のヨガクラスを受けたときに思いつきました。スーザン，ヨガをやっているときに，もっと頭をからっぽにすればよかったけれど，お陰様で考える余裕ができました。ありがとう。また，私の仲間のウェス・ラウンドトリーがエクセルの使い方や統計など，いろいろな意味で私を助けてくれたことに感謝をしています。本書の執筆は，とても素晴らしい経験でした。多くの人と話をしたり，メールのやりとりをしたおかげで，この1冊に入りきれないほどの情報を得ることができました。

　私と話をしてくれた皆さんにも感謝をしています。特に自分の大好きな分野がどんなに大きな影響があるかを教えてくれた皆さんのお名前をあげることで感謝の気持ちを表わしたいと思います。パット・アーチャー，ブライアン・ビーティー，アネット・ベドノスキー，ベン・ベンジャミン，デイブ・バーコフ，ゲイル・バーンハート，クリス・ボハーノン，ジェフ・ブラウン，ゴルド・ビルン，スティーブン・コール，バーナード・コンデヴォー，クリステン・ディフェンバック，マット・ディックソン，ジェイミ・ドナルドソン，アンディー・ドイル，エヴィー・エドワーズ，チャーリー・エングル，リード・ファーバー，シャレーン・フラナガン，カール・フォスター，ジョー・フリエル，ジェムズ・グリーン，ケート・ヘイズ，ジェフ・ハント，ギラッド・ジェコップズ，ネイト・ジェンキンズ，マーク・ジュイランド，レアー・カンガス，ジェイー・ティー，キルニーク・リスティンケイム，マイケル・ケルマン，ゴラン・ケンタ，ニッキー・キンバル，トマース・ラフォント，キャーロリン・リバイ，アマンダ・ロバト，ピーター・マギル，アレックス・マクドナルド，スティーブン・マックグレガー，グレッグ・マクミラン，テラーム・ディ，ジャック・ラグリン，マイク・リッチー，トム・ロージャーズ，ハル・ロ

ゼンブルグ，モニック・ライアン，ビール・サンヅ，ボッブシー・ボハー，スティーブン・セイラー，カミ・セミック，トッド・ストラッカ，キース・ストラー，ジェン・ニファー，ヴァン・アレン，スー・ワルシュ，マイケル・ワルディアン，ピーター・ワットソン，マッシュー・ウエザリーホイート，マービン・ザウダラー。

　出版社のVELO PRESSの皆さんもありがとうございました。一緒に仕事をするといつもすばらしい経験になります。特にケーシー・ブレーンには感謝をしています。いつもいろいろとアドバイスをしてくれてありがとうございます。コニー・オーリングとベース・パーティンは原稿を読みやすくしてくれました。私のエージェントのボーブ・カーンはいつも私の見方でした。マット・フィッツジェラルドは私の模範になる人です。この本の執筆を応援してくれ，私に自信をつけてくれました。
　私にコーチングを受けている皆さん，ヨガの教室の皆さん，毎日運動と休息のバランスをよく見せてくれました。

　最後に私の一番大切な家族にも感謝します。両親は，よくレース後の時間を一緒に過ごしてくれました。特に娘のリリーとビビアン，そしてもちろん夫のウエッスにも感謝をしています。あなたたち3人と一緒にリラックスするのは私にとって一番の幸せです。

PART I

リカバリーの定義と測定

1 なぜリカバリーが大切なのか

　2009年の夏，私はコロラドスプリングスにあるオリンピックトレーニングセンターにいました。私はコーチングの実務研修のためにアメリカトライアスロンチームに帯同し，競技レベルの高いアスリートのための施設を見て感動しました。トレーニングセンターにはあらゆる設備が整ったトレーニング施設がありました。具体的には，筋力トレーニングルーム，快適なフリースペース（柔らかいマットが敷かれたテコンドーのための広い部屋で，私はヨガを教えました），屋内プールと屋外プール，そして身体によい飲み物や食べ物のあるカフェテリアなどがあります。また，何キロも続く田舎道や道路，なかにはロッキー山脈までつながっている道もあり，トレーニングをするための環境としては素晴らしい場所でした。さらに，オリンピックトレーニングセンターにはリカバリーセンターがあるのです。このリカバリーセンターには，スチーム・ルーム，サウナ，温浴施設，冷浴施設やプール，軽食堂，ヨガやマッサージのための部屋が設置されており，滞在するすべてのアスリートが利用できます。アメリカトライアスロンチームのメンバーは，週に90分のマッサージタイムが割り当てられていました。1回に90分間利用することも，90分を何回かに分けて利用することもできます。リカバリーセンターはトレーニングセンターの中心に位置しており，アスリートたちは，最良のリカバリーの方法を受けることができます。

　オリンピックレベルのアスリートは，すべてのトレーニング要素が重要で

あり，リカバリーを優先させることの重要性もよく理解しています。

一般のアスリートにとって，リカバリーを優先することは現実的ではないかもしれませんが，自分のリカバリーを少しでも大切にできれば，パフォーマンスを向上させることができるでしょう。オリンピックレベルのアスリートでなくても，少なくともしっかりと休息をとることの重要性と利点は理解できるはずです。どのようなスポーツにおいても，トレーニングの効果が身体のなかで構築されるのは，リカバリーのときです。したがって，リカバリーを重視することは，短期的・長期的にスポーツを成功へ導く鍵となります。

自分のリカバリーに注意を向けることができれば，誰でも成果を上げることができます。例えば，2006 年，イギリスのラグビー選手を対象に，アクティブ・リカバリー，コンプレッション・ウエアおよび交代浴の有効性を検討した研究があります。その結果，いずれの方法も何もしないよりも有効であったことが明らかになっています（Gill, Beaven, and Cook 2006）。

この本では，リカバリーの有効性や測定・評価の方法，そしてトレーニングやレースの間のリカバリーを強化するさまざまな方法を検討しています。リカバリーは複雑で，まだまだ発展段階の分野です。また，リカバリー技術に関する研究では，矛盾した結果がみられることもあります。そのため，役に立つ方法も，そうでないものもあります。最終的にはいろいろ試してみて，自分に最も合う方法を見つけることが必要です。

運動と休息のサイクル

人の生活は周期的なパターンで動いています。このパターンはわれわれを取り巻く自然界でも見ることができます。例えば，地球が太陽のまわりを 1 周することで季節が変わります。月が地球のまわりを動くと月の見える部分が変わり，地球自体がまわることで昼と夜とが交代します。

このようなサイクルは，われわれの身体にもあります。生まれてから死ぬまでの加齢のプロセスが最も大きなサイクルですが，年に 1～2 回のピークを目標にしている季節的なスポーツも自然の四季のサイクルに似ています。競技

図1.1　汎適応症候群

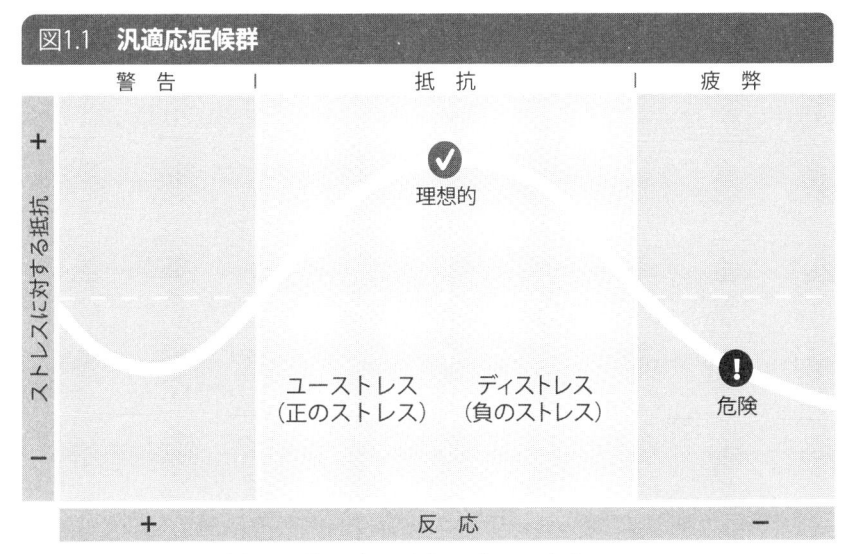

警　告　｜　抵　抗　｜　疲　弊

縦軸: ストレスに対する抵抗 （＋／－）
横軸: 反応 （＋／－）

✓ 理想的

ユーストレス（正のストレス）　ディストレス（負のストレス）

❗ 危険

注：正のストレスは，適応できる範囲を超えると負のストレスになる。

によっては，1年間をいくつかのブロックに分けて計画を立てます。具体的には1年間のブロック（マクロサイクル），それを月単位に分割したブロック（メソサイクル），さらに週単位に分割したブロック（ミクロサイクル）に分けたりします。その個々のサイクルのなかで休息をとり，リカバリーすることも行われます。健康で強さを維持するためには，運動と休息とのバランスが重要なのです。

このバランスをとることの重要性については，19世紀後半に出されたカール・ワイゲルトの「超回復の法則」と20世紀半ばに活躍していたハンズ・セリエの「汎適応症候群（general adaptation syndrome）」に記載されています。内分泌学者のハンズ・セリエは，ストレスを「ユーストレス eustress」と呼ばれる正のストレスと「ディストレス distress」と呼ばれる負のストレスの2種類に分類しました。「ユーストレス」は，私たちの成長のために必要なことで，これには適応することができます。しかし，「ディストレス」には生理学的限界があって，適応することができません。プレッシャーがあることで，それをきっかけとして，競技パフォーマンスがよりよい方向に向くことがあるかも

図1.2 適応の4段階

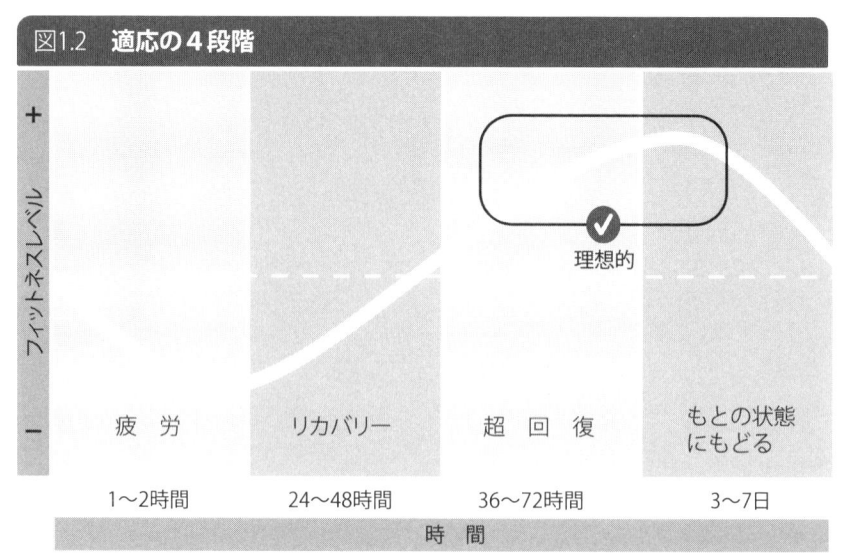

疲労	リカバリー	超回復	もとの状態にもどる
1〜2時間	24〜48時間	36〜72時間	3〜7日

時間

縦軸：フィットネスレベル（−〜＋）

超回復の区間に「理想的」✓

注：次の激しい運動は，前の激しい運動から超回復したときに行う。

しれませんが，プレッシャーが過剰な場合，むしろ逆効果になってしまいます。**図1.1**に汎適応症候群の進行を示しましたが，警告段階では，身体がストレスに対応できるように，ストレスホルモンが身体中に分泌されます。抵抗段階では，適応することによって身体がバランスをもどそうと働きます。最後に疲弊段階では，ストレスがそのまま続くとホルモンのバランスが崩れ，そして組織に化学的変化が生じ，病気へとつながる可能性やさらには死にいたることもあるとしています。

　この疲弊段階へ向かうことを防ぐためにはどうしたらよいのでしょうか。そのために，リカバリーが必要になるのです。ストレスを管理し，ストレスによる刺激に適応する時間をとることで，ストレスの原因を処理できるように身体に変化が起こります。この適応のことを「超回復」といいます。ストレスに身をさらすことで身体が反応し，身体の組織が変化する過程です。最終的にはストレスの原因に対応し，これまで以上に強くなるのです。この適応には，**図1.2**に示した4つの段階があります（Bompa and Haff 2009）。

　適応の4つの段階の最初は，激しい運動の1〜2時間後で，疲労度が高い状

態です．それは神経活性化の減少，筋グリコーゲンの枯渇，脳内のセロトニンレベルに関連した精神的疲労により生じます．コルチゾールレベルは，交感神経系（闘争か逃走反応）を支配するまでに高くなります．そのため，自律神経的，精神的に休みを必要としている状態です．

　第2段階は，運動をした1〜2日後となります．この期間に，身体はリカバリーしはじめます．アデノシン三リン酸（adenosine triphosphate：ATP）および筋グリコーゲンを補充し，身体のエネルギーを蓄えます．ATPは非常に早く産生されますが，筋グリコーゲンは，運動の実施時間や運動中や運動後のエネルギー補給の状態によってゆっくりと補充されていきます．また，運動後の身体は，過剰酸素消費（excess postexercise oxygen consumption：EPOC）（酸素負債とも呼ばれます）と呼ばれるプロセスにより，安静時より多くの酸素を消費します．また，タンパク質とホルモンバランスをもとにもどすために，安静時よりも多くのエネルギーを使用します．

　第3段階は，運動後36〜72時間後であり，身体に対して有益な適応が起こります．アスリートは力を生むための能力と，前回の刺激よりもさらに強い刺激に対する適応力と精神的な自信が養われます．これは，次の新たなトレーニング刺激に対する準備段階となります．

　もしこの機会を逃し，トレーニング後3〜7日経過した第4段階へと入ることになると，身体は刺激を与える前の状態にもどってしまい，その結果，前の段階での効果が失われる可能性もあります．このように，トレーニングの効果を上げるためには，トレーニングの頻度と強度のタイミングが適切であることが必要です．そのタイミングが適切かどうかは，きつい運動を積み重ねた後でも，十分リカバリーできたとの感覚をもてたときにわかります．それが本書の主題であり，そこまでたどり着くための方法について，具体的に述べていきます．

　超回復のためのサイクルを管理していくためには，日頃から行っているトレーニングで，短期的なリカバリー（つまり，それぞれのトレーニングにどのように反応しているか）を意識する必要があります．一所懸命にトレーニングに励むだけでなく，そのトレーニングが自分の身体に対して正しく行えてい

るかどうかを確認する必要があります。そのうえで，適切なトレーニング刺激を加えていかなければなりません。正しい負荷が与えられ，正しいリカバリーができていれば，身体に対してよりよい効果が期待できます。もしトレーニングの負荷が不十分であれば効果は上がりません。逆にリカバリーができないほど負荷が強いとパフォーマンスが低下し，オーバートレーニングの危険性があります。適切なトレーニング刺激は年齢，経験や経歴などの要因によって変わります。そのため，試行錯誤を繰り返して学んでいかなくてはなりません。また，コーチはアスリートにとって大切なパートナーです。したがって，コーチはリカバリーについて正しく理解をしておく必要があります。

　リカバリーは生理学的・神経化学的なものだけではありません。精神的なリカバリーも，新たにトレーニングをしようという欲求も必要になります。スポーツを楽しいと思える感覚がなければ，スポーツが人生のなかで健康的なものであるとはいえません。毎日，毎週，毎月，そして毎年のサイクルに正しい休息を取り入れることで，リカバリーされている感覚が得られるでしょう。

リカバリーの時間的要素

　リカバリーは短期的にも長期的にも行われます。短期的なリカバリーは日々の休息と回復を注意しながら行い，長期的なリカバリーは月ごとあるいはシーズンごとに行います。そこで，運動実施のその日，週ごと，月ごと，そして1年ごとのリカバリーについて説明します。

1日のなかでのリカバリー

　休息の時間には，ただのんびりと過ごすことや睡眠が含まれますが，身体はその間にも筋肉の再構築やグリコーゲンの供給をしており，そののために正しい食事が必要となります。このように，日常生活のなかでも運動と休息を繰り返しながら，適切なリカバリーが行われるように，身体が全体的に調整をしています。

　さらに，肉体的な休息だけではなく，精神的な休息も必要です。もし，寝起

きからすぐに運動,そして運動から仕事,仕事から会議,会議から家事というようなスケジュールでは,精神的な休息はできません。精神的な休息もとるように心がけましょう。例えば,窓から外を眺めたり,コンピュータや電話,テレビから離れたり,友達とおしゃべりをしたり,トレーニングや仕事と関係がなく,楽しいことであれば何でもいいのです。

1週間のなかでのリカバリー

　1週間単位では,激しい（きつい）運動の日と軽い運動の日の配列によってリカバリー状態が決まります。激しい運動の日には,筋力とパワーの向上を目標にしたトレーニングと,有酸素運動と無酸素運動の組み合わせによって,アスリートを限界まで追い込みます。そうなると,その後に行う軽い運動の日が鍵になってきます。軽い運動の日は可能なかぎり軽くして,身体の疲労回復のための時間と,ストレスとその原因に対応するための時間を与えるようにします。一般的にアスリートは,リカバリーのために,軽い運動と,乳酸閾値や最大酸素摂取量,神経筋の能力やパワーの向上も目標にできるほど激しい運動の中間の強度を選択してしまいがちです。そうすると,疲労から十分に回復できず,激しい運動のときにベストを尽くすことができなくなり,ペースも上がらずスピードやパワーも向上しなくなります。

　激しい運動の日と軽い運動の日の配列はどのように行うのが最もよいのでしょうか。それは,年齢やスポーツレベル,スポーツ歴やケガの受傷歴,運動の環境,レースの距離,そして個人の回復能力がどれだけあるのかなど,それぞれの状況や要因によって変わります。以下に,いくつかの例を示します。最初の2つの例は激しい運動/軽い運動の交代例です。マスターズや新人のアスリートには,激しい練習日は1週間に2回で十分でしょう。

激しい運動／軽い運動の例

月曜日	火曜日	水曜日	木曜日	金曜日	土曜日	日曜日
休み	激しい	軽い	激しい	軽い	激しい	軽い

マスターズや初心者のための激しい運動／軽い運動の例

月曜日	火曜日	水曜日	木曜日	金曜日	土曜日	日曜日
休み	激しい	軽い	軽い	激しい	軽い	軽い

　このスケジュールには，中程度の強度のトレーニングが入っていませんがもちろんこれを入れることもできます。

激しい運動／軽い運動／中程度の強度の運動の例

月曜日	火曜日	水曜日	木曜日	金曜日	土曜日	日曜日
休み	激しい	軽い	中程度	軽い	激しい	軽い

　激しいトレーニングがもっとできる人は，激しい運動日を連続で行うことができます。

激しい運動／激しい運動／軽い運動の例

月曜日	火曜日	水曜日	木曜日	金曜日	土曜日	日曜日
休み	激しい	激しい	軽い	軽い	激しい	軽い

　また，激しいトレーニングを2日連続で行いたいけれど，中程度の強度のトレーニングも行いたい場合は，次のスケジュールが適切かもしれません。

激しい運動／激しい運動／軽い運動／中程度の強度の運動の例

月曜日	火曜日	水曜日	木曜日	金曜日	土曜日	日曜日
休み	激しい	激しい	軽い	中程度	激しい	軽い

1ヵ月のなかでのリカバリー

　メソサイクルは約1ヵ月の期間です。メソサイクルにおける運動と休息の比率は，通常3：1（トレーニングを3週，リカバリーを1週），マスターズアスリートの場合は2：1（トレーニングを2週，リカバリーを1週）にするの

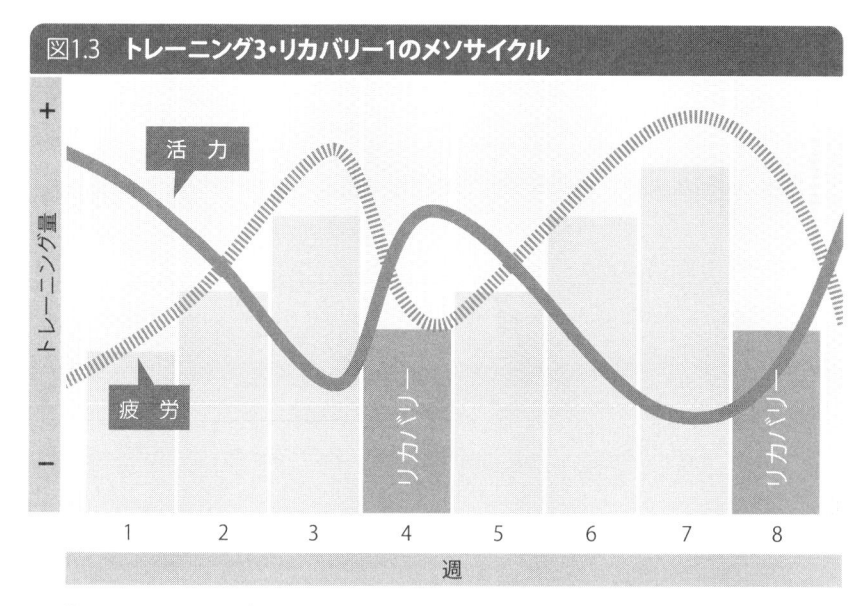

図1.3 トレーニング3・リカバリー1のメソサイクル

注：3週間トレーニング強度を上げるメソサイクルでは，活力が低下し，疲労が増加する。リカバリーを1週入れることでもとにもどすことができる。

　が標準的です。メソサイクルにおける休息の週は，これまで数週間行ってきた運動に身体を適応させるために，しっかりと連続した休息の日としましょう。一般的には，1週間の休息をとりますが，エリートアスリートや経験豊富なアスリートの場合は5日間前後とし，週末に激しいトレーニングを行います。この休息の週は，トレーニング時間と強度，できれば頻度も減らします。トレーニングはいつもより短く軽く，その1週間のなかで1〜2回練習の回数を減らす（休みにあてる）とよいでしょう。

　この休息の1週間はフィットネス状態をチェックするために使っても構いません。しかし，重要なのは，休息をとることです。チェックをすることによって休息が妨げられることのないように注意してください。チェックを行う場合は，その分軽い運動の日を完全に休息の日にするなど，休息の週が終わるころには十分にリフレッシュできているよう調節してください。

　このリフレッシュすることが鍵になります。毎月，超回復のためにリカバリ

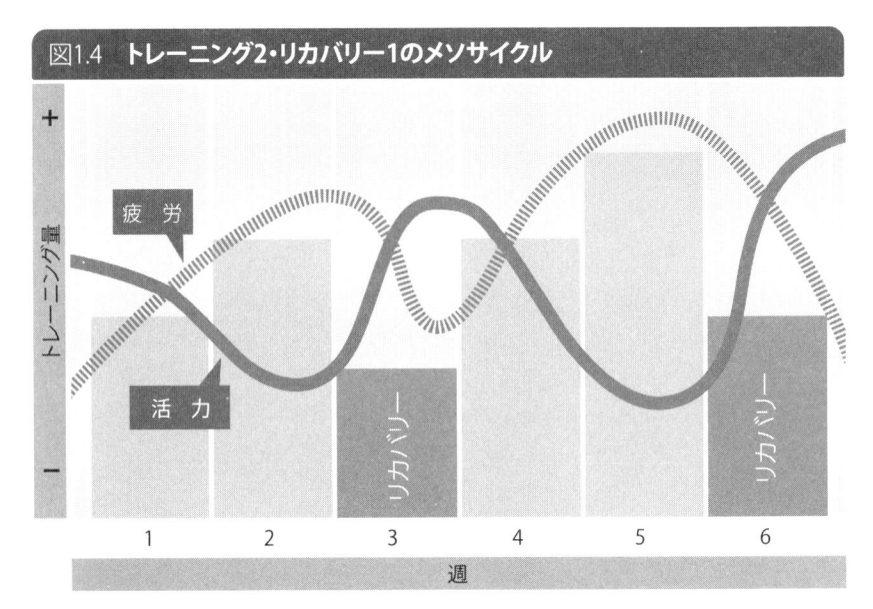

図1.4　トレーニング2・リカバリー1のメソサイクル

注：このメソサイクルは，運動をはじめたばかりの人やマスターズアスリートに向いている。

ーを心がけていても，疲れはだんだんと蓄積していきます。次のメソサイクルがはじまるまでに，1週間休めば疲れもとれるし，長期的な適応も期待できます。**図1.3**と**図1.4**に，典型的なメソサイクルとアスリートの疲労と活力の関係を示しました。

1シーズンまたは1年間のなかでのリカバリー

1日，1週間，1ヵ月のサイクルを繰り返すことで1年間のサイクルとなります。各季節や1年の移行時には，トレーニングをやりすぎないように注意しましょう。試合期直後の期間には，アスリートは活動的になっていますが，実際には，身体的，精神的に疲労しています。ですから，移行期の運動は，できれば自分のメインとしている競技ではないものを楽しんで行いましょう。また，自分のメインとしている競技を行うにしても，記録などにとらわれずに楽しむことを心がけましょう。基本的には，普段行っているトレーニングと違うことをやるべきです。1年間のトレーニングを記録すると，はっきりとしたピ

ークや谷が見えるはずです。その谷が重要なのです。なぜならば，その谷は，肉体と精神の疲労からリカバリーができる時期だからです。

　1シーズンや1年間以上，数年間を1サイクルとする場合もあります。2年間激しいトレーニングをしてから軽いトレーニング期間を設ける場合や，7年ごとに1年間休息をとる選手もいます。オリンピック選手の場合は4年間のサイクルです。その間に家族や仕事に集中しなければならないこともありますし，さまざまな事情からトレーニングにならない期間もあります。人生の状況が変化することによって，トレーニングサイクルも変化するのです。

リカバリーの重要性

　トレーニング効果を効率よく上げるためには，トレーニングと同じようにリカバリーにも気を配らなければいけません。言い換えると，リカバリーはトレーニングの延長であると考え，トレーニングに対するのと同じように注意を払わなければならないということです。つまり，頑張るためには休むことも重要なのです。

　運動生理学者のカール・フォスターは，「アスリートは，激しいトレーニングを一所懸命行うのと同じように，ときどきトレーニングの強度を落とさなければならない。そのためには，ヨガ，アイシング，瞑想，マッサージなどに対しても，トレーニングと同じように努力を惜しまないようにするべきである」と言っています。

　リカバリーは，トレーニングよりも自制心が必要になります。2度もアイアンマン（ライフセービング競技におけるラン，スイム，ボード，スキーの全種目を1人で行う種目）の世界チャンピオンになったティム・デブームは，永年トライアスロンを続けてきた経験から「トレーニングをするのは簡単である。それ以外の補強運動（サプリメンタル・エクササイズ）やストレッチ，マッサージなどを的確に行うことのほうが難しいが，それができるかどうかで結果に違いが現われる」と言っています。また，ウルトラ・ランナーのチャーリー・エングルも「私が最も簡単にできることは走ることであり，最も難しいの

は，年間を通じて健康を維持するために行うすべてのことである」と述べています。スピードスケートのアメリカ代表をサポートしたフォスターは，「プロ選手など，毎日のスポーツ活動が仕事のようなアスリートは，実際はとても退屈なものである。アスリートの多くは，自分のライフスタイルが拘束されすぎるため，競技を辞めていってしまう。パフォーマンスを向上させたり，コンディションを維持するためには，何もしないで休む必要がある。それは決して楽しいことではない」と語っています。

リカバリーに注意を払うことは難しいだけではなく，アスリートの考え方に逆行しているのかもしれません。アスリートは，トレーニングの強度に慣れており，苦痛を好む傾向にあります。ときには，普通では考えられないほどの激しいトレーニングを求めることさえあります。しかし，トレーニングとリカバリーのバランスが必要なのです。例えば，国を横断するほど長い時間車を運転しても，翌日も同じ車を運転することができます。しかし，身体に同じことはできません。マラソン選手のなかには，マラソンを走った翌日にまた走ることがあたかも褒められることだと思っていて，身体を休める必要があることを忘れてしまう人が多いのです。

休む必要性を忘れてしまうのは，アスリートに動かないと結果が出ないという考え方があるからです。スポーツパフォーマンス・コーチであり心理療法士であるマービン・ザウダラーは，「われわれの文化では，強くなったり，速くなったり，元気になったりするためには，実際に何かをやらなければならないと考えており，休むことやリラックスすることが，ケガの治癒やリカバリー，身体の強化に重要であるという考えには慣れていない」と言います。

われわれの非常に忙しい文化のなかでは，じっとしているということは難しいのです。運動を休むつもりの日でも家事をしてしまったり，できなかった仕事をやってしまうことがよくみられます。しかし，リラックスをして，家事や仕事もできるかぎりほかの人に代わってもらったほうがいいのです。つまり，最も効率のよいエネルギーの使い方をするのです。「休むときは休む」ことが必要なのです。

忍耐と信念

　リカバリーを成功させるには，忍耐と信念という2つのことが必要です。身体を治すために必要な時間を過ごすには忍耐が求められます。身体は驚くほど複雑で強力なシステムであり，時間さえあれば信じられない方法でストレスに適応していきます。しかし，そのためにはしっかりと休む時間がなければなりません。

　信念も重要です。休む時間をとること自体むずかしいかもしれませんが，トレーニング効果を得るためのものだと信じるのです。時間が経てば休む時間をとった結果が具体的に表われ，信念が実証されます。休む時間の習慣を身につけることで，さらに結果がよくなります。運動後にアイスバスに浸かったり，ヨガをすることを習慣にすることで，十分なリカバリーが得られたと実感できるようになるでしょう。常にリカバリーを考えて実施すると，その決まった習慣によって，リラックスや治癒，リカバリーのために必要な時間だと副交感神経に信号が送られるのです。

参考・引用文献

Bompa, T. O., and G. G. Haff. 2009. *Periodization*. 5th ed. Champaign, IL: Human Kinetics.
Friel, J. 2009. *The Triathlete's Training Bible*. 3rd ed. Boulder, CO: VeloPress.
Gill, N. D., C. M. Beaven, and C. Cook. 2006. "Effectiveness of Post-Match Recovery Strategies in Rugby Players." *British Journal of Sports Medicine* 40: 260–263.

2 オーバートレーニングを回避する

　第2章では、リカバリーサイクルとその効果について、そしてリカバリーを行わないとどのようなことが起こるのかについて説明します。リカバリーが不十分な状態にあると非常に危険であり、オーバートレーニング症候群になる可能性があります。オーバートレーニングというのは、ほとんどのアスリートに潜在的に存在します。しかし、オーバートレーニングであるとは明確に判別できないこともあります。オーバートレーニングには、心理学的なものと生理学的なものの両方があります。オーバートレーニングはとらえどころがないため、単に「体調を崩した」、「燃え尽きた」もしくは「過労」などという用語で呼ばれ、混同することがあります。オーバートレーニングは、トレーニングと休息のバランスが悪かったり、ストレスと休息のバランスが悪いときに起こります。ストレスと休息のアンバランスは、日常生活によるストレスにトレーニングのよるストレスが加わり、十分にリカバリーができていないアスリートによく見られます。

　オーバートレーニングは、いくつかの領域に分けられたうちのある1点と考えるとわかりやすくなります（**図2.1**）。トレーニングは疲労と同じようなものでストレス適応でいうと抵抗期後半（**図1.1** 参照）になります。アスリートがオーバートレーニングになる前には、一連の流れに沿ってトレーニングが行われます。例えば、トレーニング量を増やし、意図的にストレスをかけるようにします。1週間か2週間、激しいトレーニングをしてから、その後、頑張

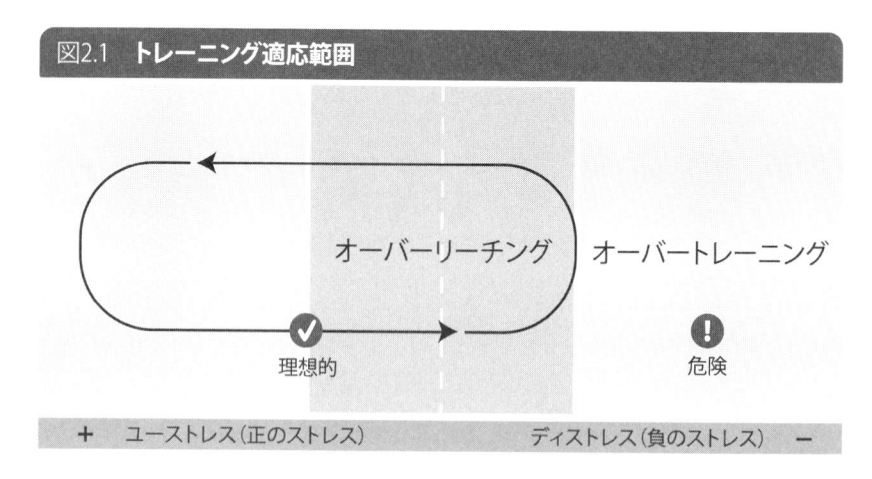

図2.1　トレーニング適応範囲

オーバーリーチング　オーバートレーニング

理想的　危険

＋　ユーストレス（正のストレス）　ディストレス（負のストレス）　−

った分，十分な時間をリカバリーにあてます。言い換えると，オーバートレーニングになる瀬戸際まで身体を追い込み，そこからリカバリーをしてもとの状態にもどすことになります。このような方法は，7～10日間ぐらいのランニングやトライアスロンの合宿で，強化を目的に非常に強度の高いトレーニングとして実際に用いられています。

　もちろん，このようなストレスの後には十分なリカバリーが必要です。アスリートは，意図的にオーバーリーチングをして疲労する期間をつくります。このことより超回復が起こり，ケガや病気をしないように身体が適応するようになります。コーチでありスポーツ心理学者のクリスティン・ディーフェンバックは，オーバーリーチングをちょうどマシュマロを焼くのと同じだと言っています。マシュマロにコンガリと色をつけるためには，火に近づけることが必要です。それと同じように，身体を変化させるためには，強いトレーニング刺激が必要なのです。マシュマロがどのようにできあがるかは，火からの距離と，火がどのくらい熱いかによって決まります。

　マシュマロを焦げないように完璧に焼くには，特別な注意が必要です。つまり，火からマシュマロを離すタイミングと，冷ますタイミングを知る必要があります。コーチのゴルド・バーンは，「アスリートは疲れきるとパフォーマン

スがよくならないと思い込んでいるが，実際は，疲れすぎてもパフォーマンスが低下していないときもある。だから，オーバーリーチングを成功させるためには，疲れていてもパフォーマンスが低下しない場合があることに十分に留意し，トレーニングの週の後，どれだけ早くリカバリーできるかが大事である」と言っています。

つまり，早くリカバリーができる能力が鍵となり，このリカバリーによってオーバートレーニングを完全に防ぐことができるのです。疲労が蓄積されているときには2〜3日の休息か，非常に軽いトレーニングをすることでもとにもどれるはずです。パフォーマンスが悪化してきたら，オーバートレーニングになる前兆です。トレーニング日誌を詳細に書き続けたり，定期的に自分のパフォーマンスを評価することで，パフォーマンスが悪化しはじめることがわかります。また，疲労感については，ランニングに関する本などにも書かれています。疲労感があることは，何か問題があることのように思われがちですが，疲労感があるからといって，完全なオーバートレーニングになっているわけではありません。しっかりと休息をとれば深刻な問題を回避することができます。

しかし，トレーニングの負荷が大きすぎたり，長すぎたり，または毎日毎日単調で同じようなトレーニングを続けていたり，疲労からの回復が不十分な状態が続けば，自分自身でオーバートレーニングに突き進んでいるといえます。

どのようにオーバートレーニングと判断するか

オーバートレーニングの状況は，血液検査や心拍数測定などの生理学的な指標よりも，心理学的な指標のほうがより明確にわかることがあります。オーバートレーニングの状態でみられる徴候は，うつ病や甲状腺の病気などの症状と似ていることもあるため，経験豊富な医療関係者の診断を受けることが重要です。

オーバートレーニングの徴候を判断することは難しいものです。例えば，オ

> **オーバートレーニング時にみられる徴候**
>
> **心理学的徴候**
> - 競争やトレーニングに興味がなくなる
> - トレーニングや仕事に対するの集中力が低下する
> - 食欲が低下する
> - 性欲が低下する
> - よく眠れない(睡眠障害)
> - 動きが鈍くなる
> - 気分が悪くなる
> - 短気,キレやすくなる
>
> **生理学的徴候**
> - パフォーマンスが低下する
> - 足が重く感じる,体重が減る
> - 顔つきがやせた
> - 喉が渇く
> - 安静時や運動後,姿勢の変更時に心拍数が上がる
> - めまいがする
> - 筋肉痛が治りにくい
> - リンパ節が腫れる
> - 特に下痢など胃腸に問題がある
> - よく病気になる
> - 治るのが遅い
> - 無月経(月経周期の不順)

ーバートレーニングの状態にあるアスリートは,上の表に示した徴候を示すことも,示さないこともあります。また,ここに示した徴候は,前述したようにほかの病気などでもみられることがあるので,このリストを見て自己診断をしないでください。まずは,コーチや医療関係者に相談をしましょう。

　オーバートレーニングに関しての考え方は,変化を続けていますが,唯一回復するための方法は,数週間から数ヵ月間,しっかり休息をとることしかありません。だから,アスリートとして成功するためには,まずオーバートレーニングを予防することが大切なのです。

オーバートレーニングを防ぐ方法

　本書では,オーバートレーニングを防ぐために実施できるいろいろな方法を紹介しました。リカバリーのための栄養補給や,睡眠の重要性,トレーニングと仕事・人間関係の良好なバランスの見つけ方,そしてコンプレッション・ウエアの着用やヨガなど,リカバリーに役立つ戦略について述べてあり

ます。自分の目標を知って，自分の身体に細心の注意を払えばオーバートレーニングを防ぐことができます。

　そのためには，現在の状況を見直すことからはじめます。適切な目標を決めて，シーズン中，常に問題の全体像を心にとどめておくことは，オーバートレーニングを防ぐことに役立ちます。スポーツパフォーマンス・コーチであり心理療法士でもあるマービン・ザウダラーは，「オーバートレーニングは，非現実的な目標を設定したアスリートによく見られる結果だ」と言っています。目標を高く設定しすぎると，すべてをやりすぎることになり，容易にオーバートレーニングになってしまいます。さらに，心理的な不安もしばしばアスリートに悪い影響を及ぼします。アスリートが不安を感じると，トレーニングの量や強度など，自分の練習内容のなかでコントロールできることを探してしまいます。それがリカバリーに悪い影響を及ぼすことになります。

　ウィスコンシン大学ラクロス校の運動生理学教授のカール・フォスターは，問題は制御ができないことだと指摘しています。彼は，大学病院に長年勤めた経験から，「非常に疲れていて，よい結果が出るはずがないのに，無駄なことをしている研修医をよく見た」と言っています。疲れた研修医は，本来，家に帰って寝るべきなのに，問題解決のために図書館に行って本を読もうとします。同じようなことは，アーチストにも当てはまります。演奏家は素晴らしい演奏ができないと，より多くのリハーサルを重ねてしまうのです。つまり，成果を求めようとする考え方がトラブルを起こすのです。このことをアスリートにあてはめると，オーバートレーニング症候群になってしまいます。現在の状態が悪い人は，いまの状態はトレーニング不足によるものなの

クイックヒント………

▶ オーバートレーニングは，リカバリーに数ヵ月かかる事態を招くこともある深刻な状態です。オーバートレーニングの状態に達することのないように，リカバリーに注意を払うことが重要です。

▶ リカバリーをしていない徴候があれば，数日間休むことでオーバートレーニングを防ぐことができます。

▶ オーバートレーニングの症状は，ほかの医学的問題と症状が似ているので医療関係者に相談するようにしましょう。

▶ トレーニングをときどき抑えめにすることが，やりすぎてしまうよりも効果的な場合があります。

で，もっと一所懸命トレーニングをしなければならないと思いがちですが，それはトレーニングが不足しているのではなく，休息が不足しているだけであることも多いのです。

　このことから，心理学的そして生理学的な状態に注意を払うことが重要になります。自分の習慣やストレスの原因を知り，そして自分の目標を知ることが重要です。また，自己認識をしながら自分のトレーニングやレースのパフォーマンスを記録し，計画通り進んでいるかどうか確認します。パフォーマンスが悪化してきたら，その原因を調べ，リカバリーへと焦点を合わせていくことになるに違いありません。練習やトレーニングを行わないようにすることは，しすぎるよりもむしろ効果的であるということもよくあることを忘れないようにしましょう。

　第3章と第4章では，リカバリーの状態の測定方法や評価方法について説明しています。気分，睡眠時間そしていろいろな生理学的パラメータを追跡することで，自分のリカバリーの状態，自分のトレーニングの状態がよくわかります。それらを注意深く観察することで，自分を最もいい状態に調整することができ，オーバートレーニングを防ぐことができるでしょう。

参考・引用文献

Kellmann, M. 2002. *Enhancing Recovery: Preventing Underperformance in Athletes*. Champaign, IL: Human Kinetics.

Noakes, T. 2001. *Lore of Running*, 4th ed. Champaign, IL: Human Kinetics.

3 リカバリーを測定する

　実際にリカバリーによってリフレッシュされたと感じたときのことを考えてみましょう。その感覚は，どんな言葉で説明できますか。「いきいき」とか，「元気いっぱい」とか……。言葉そのものはアスリートによって異なり，リカバリーの感覚をうまく言葉に表わせなかったとしても驚くことではありません。リカバリーの内容とその成果は多岐にわたり，漠然としているので，判別するのが非常に難しいものなのです。そのため，多くの場合，リカバリーされた状態ではなく，リカバリーされていない状態が明らかになります。第4章で述べますが，リカバリーの状態や成果を定量化する方法はいくつかあります。また，リカバリーを感覚的に知ることも役に立ちます。まだオーバートレーニングの状態であると認識できないような段階で，最初の警告（危険信号）に気づくことも重要な手段の1つです。ノルウェーのアグダー大学の運動生理学教授のスティーヴン・ザイラーは，「オーバートレーニングの傾向にあるかどうかを判断するためには，血液検査，心拍数の変動などの定量的に測定できる指標より，感覚や心理的評価のほうが役に立つ。定量的な評価でアスリートの状態が明らかになったときには，すでに困難な状況に陥っている」と説明しています。

　生理学者のスティーヴン・マクレガーは，リカバリーを定量的に評価するための，WKO+を用いたランニング・トレーニング・ストレス・スコア（rTSS）を開発しました（第4章参照）。しかしマクレガーは，リカバリーを評

価することは，科学と芸術の2つの面があると見ています。彼は「コーチングは，医学に似ているところがある。医学には，科学的な検査などが必要であるが，そこから得られた情報を評価するためには，得られた知識をもとに直感にたよることも必要になる。定量的な方法によって客観性のある評価のもととなる情報は得られるが，最終的には直観が必要である」と言っています。自分の直観と評価の技術を向上させることで，疲労の状態を正確に見ることができるようになります。

　ウルトラ・ランナーのマイケル・ワーディアンは，サハラ砂漠で6日間にわたって行われる151マイル（約243 km）のレース「マラソン・デ・サーブル」に出場し第3位になりました。彼は，自分のリカバリーに対する意識を車の点検に例えています。足が重く感じるときは，タイヤの空気圧が低いサインであると感じ，それに応じてトレーニングスケジュールを変更します。彼の自己評価は，「タンクは満タンか」「エンジンの調子はいいか」「ゲージは何を表示しているか」といったように車のチェックのようです。

　このような自己評価のためにも視覚的な材料として，トレーニング日誌を使いましょう。トレーニング日誌は，自分の身体調整の方法を学ぶための基準を決める道具となります。トレーニング日誌を正しく使うことで，もっと直感にたよったトレーニングができるようになるかもしれません。例えば，持久系競技のトレーニングを長い時間行う場合は，感覚的に持続可能な強度に落とし，時間が短い場合は強度を上げようとします。このトレーニング強度を調整することに慣れてくると，長い時間や短い時間におけるトレーニングの強度の限界がわかるようになります。また，心拍計をつけてトレーニングをする場合もあります。心拍数を測定しながらトレーニングをすることで，客観的指標が得られ，トレーニングの強度や量の設定を失敗せずにすみます。追い込んでしまう可能性がある場合，または追い込みすぎてペースダウンしなければ危険なときなどにも，それを知ることができます。慣れてくると，心拍計を使わなくても感覚的に心拍数がわかるようになる場合もありますが，まずは測定することで，客観的な情報を得て直観的な感覚を養い，努力やペースの確認をするようにします。トレーニング日誌を書くことも心拍計をつけることと同

じことで，どちらも実践することで一定のパターンを見ることができるようになります。

リカバリーの測定方法

　さまざまな文献や報告から，リカバリーは科学的に追跡できることが証明されています。インディアナ大学教授でスポーツ心理学者のジャック・ラグリンは，リカバリーの心理学的評価は，生理学的データの測定と同じように有効であることを明らかにしています。ラグリン教授は，「どんなに論理的，理論的に説得力のある生理学的なデータでも，これらは心理学的な基準に関連している。つまり，自分がどのように感じているかは，実際に起こっていることを反映しているのだ」と言っています。

　コーチやスポーツ心理学者は，ダグラス・マクネアら (1971, 1992) によって開発された『POMS (Profile of Mood States) 質問紙法』によって，アスリートが十分に休息がとれているか，またはオーバートレーニングの状態なのかを予測することができると指摘しています。『POMS 質問紙法』では，6つの気分（緊張，抑うつ，怒り，活力，疲労，混乱）の状態を評価します。このうちの「活力」だけは，ほかのものと明らかに違っていることがわかります。十分に休息をとっているアスリートは，POMS プロフィールのグラフで「活力」が高いスコアを示し，ほかの5つは低いスコアを示します。このグラフの形は，先が突出していることから氷山型と呼ばれています。リカバリーが十分でなかったり，オーバートレーニングの状態になると，これと反対の形になります。

　マイケル・ケルマンとウルフギャング・カルス (2001) は，POMS をもとにして，アスリートのストレスとリカバリーの状態を調査する質問紙法 (RESTQ-Sport：Recovery-Stress Questionnaire for Athletes) を開発しました。この質問紙は 76 の質問（19 の尺度で各 4 問）で構成され，アスリートのストレスやリカバリーについて，どのように回復させたかを活動や経験を振り返りながら回答し，現在のストレスや回復の程度を調査するものです。

ストレスに関する質問は,「一般的」「情緒的」「社会的ストレス」「葛藤／プレッシャー」「疲労」「活力不足」「身体的愁訴」の7つの下位尺度と,スポーツに関連した「休養の阻害」「燃え尽き／情緒的消耗」「健康状態」「痛み」の4つの下位尺度に各4つの質問項目が設定されています。

リカバリーに関する質問は,「個人的達成感」「幸福感」「社会的リラクセーション」「身体的なリラクセーション」「睡眠の質」の5つの下位尺度と,スポーツに関連した「健康状態」「燃え尽き／達成」「自己達成度」「自己統制度」の4つの下位尺度に各4つの質問項目が設定されています。

この質問紙は,全米のプログラムとして使用されており,CD-ROMや書籍で入手できますが,インターネットでは利用できません。この質問紙を利用すれば,自分のリカバリーの状態を詳細に見ることができるようになります。質問に回答するだけで,自分のトレーニングによるストレスとリカバリーのバランスを明らかにすることができます。質問紙のスコアをグラフ化するとさらに理解を深めることができます。

また,ケルマンらは,1週間で終わる短い質問紙「Recovery-Cue」を開発しました(Kellmannら2002)。毎週同じ時間に質問に回答することで,信頼性が高くなります。

「Recovery-Cue」は,以下の質問に対して0から6までのランクをつけて回答していきます。自分自身で,違ったスケールを考えて用いてもかまいません。

1. 先週のトレーニングを完了するのにどの程度の努力が必要でしたか？
2. 先週のトレーニングの前にどの程度のリカバリーができていたと感じましたか？
3. 今週,休息とリカバリーはどの程度うまくいきましたか？
4. 先週,身体的にどの程度リカバリーできましたか？
5. 先週,寝るときにどの程度満足してリラックスできましたか？
6. 先週,どのくらい楽しい時間を過ごせましたか？
7. 先週のパフォーマンスで目標に近づいたか,確信をもてましたか？

(Kellmann ら 2002)

　自分のリカバリーを正確な感覚で得るために，それほど詳細なことまで答えなくてもかまいません。自分自身で考えながら質的データを追跡するのも効果があります。以下に方法を示します。

リカバリー状態を自分自身で確認する方法

　トレーニング日誌は，トレーニングの傾向を長期間にわたって明らかにする重要なツールです。記載した距離数や運動強度だけでなく，いろいろな情報を得ることができます。トレーニング日誌は個人の記録となるのです。つまり，日々の体験，日々の生活を記録していきます。主要なトレーニングやレースで最良のパフォーマンスを発揮するためには，リカバリー状態を確認することが非常に重要です。2〜3日の記録だけではあまり役には立ちませんが，数週間もしくは数ヵ月にわたって記録することで，傾向が見えてきます。ただし，距離や運動強度，時間が記録されているトレーニング日誌を見ただけでは十分ではありません。トレーニング日誌だけでは見えてこない日常生活におけるストレスがあるため，それも考慮する必要があります。場合によっては，トレーニング日誌だけではなく，睡眠の状態を記録することで，問題がより明らかにできるかもしれません。

　表3.1は私が指導するアスリートのトレーニング日誌です。彼が週末に連続して出場したマウンテンバイク／デュアスロン・レースの前1週間のものです。彼はリカバリーの状態をチェックするため，日常的に睡眠，栄養，脚の状態を記録しています。

　確認・記録する方法は自分で決めます。紙の日誌に記入する方法がよければ，日々記入していきます。また，定期的に蛍光ペンで自分の最近のトレーニング日誌にしるしをつけてもいいでしょう。例えば，「強い」「よい」「ばっちり」「わくわく」などポジティブな言葉に緑色をつけ，「疲れた」「だるい」「足が死んでいる」「だめ」などネガティブな言葉にオレンジ色など違う色をつけ

表 3.2 トレーニング日誌の一例

トレーニング	コメント
10月10日（日） 60分自転車を軽くこぐ。坂ではある程度押してクリアした。その後，すぐに自転車を降りて10分間走る，または脚が走りに慣れたように感じるまで走る。スピードを速くする必要はないが，とりあえず姿勢を正しくし，速やかに切り換えて，自転車からランニングの移動をなるべく滑らかにするように考えた。	失敗してデータをとるのが遅れた。この1〜2年で一番いいライディングの25分を逃した。軽くやっていたのにバッチリだった。その次の1時間まではうまくいっていた。コーチがすすめた時間より乗っていたが，友人と一緒だったことであまりにも楽しく止めれなかった。疲れたけど，疲れすぎではなかった。
10月12日（火） 15分自転車でウォームアップを行い，トランジットまで飛ばした。ランニングに移って3分走り，また自転車で3分乗った。行きは楽に，帰りはできるだけ追い込んだ。トランジットまで繰り返して合計で3回走り，最後に軽く自転車に乗った。	データはすべてそろっているが見にくい！とにかくうまくいった。普通だった。30分早く起きていたら，食べたものはもう少し消化できたかもしれないが，大きな問題はなかった。
10月13日（水） よくウォームアップをしてから3分でレースペースに上げる。呼吸が普通にもどり，完全にリカバリーができるまでのインターバルの間，軽く自転車をこぐ。クールダウンは軽く自転車に乗る。	まあ，楽しんでいる。かなり追い込んだ。最初は疲れたが，正直にいえばそれでもいい気持ちだった。ラップは少し短かった。
10月14日（木） よくウォームアップをしてからゆるやかな下りのスロープを6本走る。スタート位置にもどるときは軽くジョギングで。素早い切り換えと少ない労力でのスピード感を楽しんで，レースの一番いい瞬間ではこのような気持ちでやりたいものだ。よくクールダウンをして，ストレッチをして，足を休ませる。	天気のせいでトレーニングが遅くなった。私自身のせいで鮭とガーリックポテトをお昼に食べてしまった。膝が意地悪をしている。しかし，いいこともあった。体調はあまりよくなかったが，ストライドを気にしながらウォームアップをしているときに，平均的なスピードでいいリズムが出せた。思い切りやる気はなかったが，速い動きができた。
10月15日（金） なるべく休んで，できたらマッサージを受ける。静かに座って数分間レースのことをイメージする。ギアのセットアップ，ウォームアップ，トランジット，地面，どんな感覚か。 　その後，以下のポーズを楽しむ。ポーズの時間は，自分の好みで，休息中は足を壁に上げて休むことに注意した。 ・スクワッティング・ボルスター ・リクライニング・コブラ ・ニーダウン・プローン・ツイスト，ベリートゥー・ボルスター ・ブリッジ・オン・ブロック ・レッグアップ・ザ・ウォール	すべてできた。リカバリーは好きだ。

ます。こうすることで，色のパターンをひと目見ただけで，自分の傾向を簡単に見ることができます。

Excel（エクセル）などの表計算ソフトを使うことが得意であれば，自分だけのトレーニング日誌がつくれます。表計算ソフトによって週間，月間，年間の毎晩の睡眠時間を自動的に計算したり，ストレスへの適応力や，楽しんで行えることなどを得点で評価できる計算式をプログラムすることができます。

オンライン上の練習日誌のほうがよければ，パソコンでリカバリーの質を計測できる手軽なものが見つけられます。例えば，ワークアウト・ログ（workoutlog.com）は，歩いているときの心拍数，体重を測定し，睡眠，疲労，痛み，ストレスを1～5のスケールで記録できるヘルスログ機能を備えています。トレーニング・ピークス（trainingpeaks.com）には，体重，睡眠，痛み，疲労および睡眠の質を数値で追跡できる機能があります。

痛み，疲労，ストレスについては「なし」から「最悪」までの5段階で表わし，睡眠の質とすべての健康状態については「悪い」から「よい」までの5段階で表わします。トレーニング・ピークスは，自分でプロットした疲労や睡眠のデータをグラフで表わすこともできます。

実際は，いかに正確に記録するかより，継続して記録していくことのほうが重要です。

リカバリーを測定する際に注意すること

これからリカバリーを測定する際に注意するべき点について説明します。自分に役立つ測定法もあれば，役に立たない測定法もあるかもしれません。大事な点は，一貫した基準でデータを集め，そこに現われる傾向を見ることです。

調子はどうですか？

トレーニングの調子は，概してどうですか？　もし答えが，心から「最高！」と言えないのであれば，もっとリカバリーを頑張りましょう。意図的にオーバ

ーリーチングをして，トレーニングをやりすぎていないか，ただ無理しているだけではないか，毎週うまくいかないトレーニングはないか，と問いかけてみましょう。例えば，目標の数値が達成できない，すべてがうまくいかない，または終わる前に限界になってしまうというようなことがありませんか。長距離コーチのゴルド・ビルンは，「たまにはうまくいかない日もある。週に 1 回以上トレーニングがうまくいかないようであれば，少しペースを落とす必要がある。週 1 回ならそれほど心配しなくてもいいが，週 2 回以上トレーニングがうまくいかない日があれば，何かより大きな問題の兆しかもしれない」と言っています。

パフォーマンス

　トレーニング中の自分のパフォーマンスの調子はどうか，考えてみましょう。ランニングトレーニングでは，さまざまな距離に見合った目標となるペースがあると思います。自分の目標は適切か，目標は達成しやすいか，それとも達成しにくいかなどを，自分のパフォーマンスと比較することで，トレーニング計画がうまくいっているのかどうか，そしてリカバリーが十分に行われているかどうかがわかります。

身体の状態

　呼吸は問題なく行えますか？　筋肉の調子はどうですか？　軽やかで心地よい状態ですか？　重たくて動きにくいことはありませんか？　自分の手足の重たさの感覚を表わすために 1〜7 の尺度を用いる人もいます。水泳選手は水中へ沈んでいくような感覚を覚えますし，ランナーの場合は足が重くなる感じがすることがあります。自分の尺度を設定して自分の身体の状態を評価してみましょう。その数値が急に上がったときには，何かが起こっているという証拠です。

気　分

　人に気分の変動があるのは当たり前ですが，その気分の状態に注意をすべ

きです。特にいい気分と悪い気分の大きな変動は記録しておくべきです。ストレス，悲しみ，怒り，うつ状態，心配，不快感があるなど，否定的な気分が続いたら，それは警告です。そのような状態になっていたら，現在のトレーニングをチェックして，リカバリーのために休みましょう。

睡　眠

　睡眠の量と質を追っていくことが必要です。夢をたどってみてもいいでしょう。目が覚めたときに，夢の内容がはっきりと思い出せますか。もし覚えていたら，共通しているテーマはどのようなものでしたか。

　寝つきにくい日とかぐっすり眠れない日がときどきあるのは普通ですが，よく眠れない日がよくあるようであれば，注意が必要です。睡眠の質を改善する方法については，第8章で述べます。

外的なストレス

　現在，「仕事の大事な締め切りがある」「学位論文を書いている最中である」「結婚など，人生の転機になるような大きなできごとの直前である」などのプレッシャーを感じていませんか。これらのプレッシャーも，トレーニングやリカバリーには影響するため，検証をするべきです。

内的なストレス

　内的なストレスとは，自分にかけるプレッシャーです。仕事で成功を目指すことかもしれないし，家族の面倒をみること，すべてにバランスをとることがプレッシャーかもしれません。内的なストレスは，すべての人にあります。ときどき記録するだけでもストレスが軽くなります。ストレスを減らすことに関しては，第7章で述べます。

月経周期

　女性は月経周期を確認すべきです。月経周期によって，女子アスリートのリカバリー状態を判断できます。例えば，生理がいつもと違ったり，完全な無月

経は，オーバートレーニングの状態を表わす指標となります。女子アスリートは，トレーニング日誌で月経周期を追跡できます。具体的には，生理のはじまる日，生理不順や痛み，そしてそれが慢性化しているかなどです。それらに変化があればリカバリー不足の証拠になるかもしれません。変化する傾向が見られたら，アスリートやコーチがトレーニングのサイクルを調整して，生理と同じ週や生理がくる前の週に休息をとるようにします。ただし，個人差があるため，トレーニングとリカバリーの組み合わせを適切に調整する必要があります。

その他の尺度

　ほかにも測定に利用できる尺度があるかもしれません。例えば，私が指導しているアスリートは片頭痛に悩まされていますが，片頭痛の症状を追うためにトレーニング・ピークスに睡眠の状態を入力しています。また，仕事が忙しいときなどは，そのことも日誌に記録しておくべきです。

意　欲

　マット・フィッツジェラルドは，自身の著書のなかで，トレーニングの"楽しさ"を検証することをすすめています。研究によると，オーバートレーニングの徴候の1つに，トレーニングによって興奮しなくなる状態があるとされています。フィッツジェラルドの評価は，トレーニングを「1：楽しくなかった」「2：まあまあだった」「3：楽しい経験だった」の3つで評価します。そのポイントを計算して，トレーニングの回数で割れば，毎週，毎月，シーズンごとのトレーニングの楽しさの平均的な度合いを見ることができます。これは，トレーニングに対する意欲を簡単に検証する1つの方法です。

パートナーの力

　自己評価に加えて，トレーニングなどをやりすぎていないかどうかをまわりの人に指摘してもらうことも必要です。コーチがいるのであれば，コーチと

定期的に相談をしてトレーニング量を確認するべきでしょう。トライアスロン・チャンピオンのコーチのマット・ディクソンは，「コーチは，アスリート自身による主観的な自己評価に頼るだけではなく，アスリートそのものを観察するべきである」と言います。アスリートの肌のつや，態度，気分の変動などを注意して観察します。一見些細なことのように思えますが，これらを直観的に感じ取れるコーチでなければ，アスリートのリカバリー方法を計画することはできません。コーチがアスリートを監視する最もよい方法は，アスリートとのコミュニケーションを図り，アスリートの性格を熟知することです。これには特別な技術も知識も必要ありません。もっとよいスポーツ生理学的な評価方法などはありません。

したがって，もしインターネットなどでコーチングをしてもらっている場合は，コーチとのコミュニケーションを積極的にとるようにしましょう。泣き言を言っていると思われたくないなどと，遠慮をする必要はないのです。自分の疲労度を正直に評価することは，トレーニングをするうえで非常に重要なことです。アスリートが，いつも行っているトレーニングについてどのように感じ，調整しているのかがわからないと，コーチは目標に向けて適切なプログラムを立てることはできません。最適なタイミングで十分なリカバリーをしていないと，本来もっている能力が低下し，最悪な場合にはケガをしたり，オーバートレーニングになる恐れがあります。

よく知られているジョー・フリエルは，インターネットを活用してコーチングをしていますが，定期的にアスリートのトレーニングを実際に現場で観察しています。彼は，そのことについて以下のように説明しています。

　通常，アスリートには，トレーニングの際の気分がどうであったかをメールで伝えてもらいます。それができない場合，私は週に1度実際にアスリートに会って，気分，疲労，ストレス，楽しさや悲しさ，充実感などについて尋ねます。そして，トレーニングのなかで，長くてきついと感じるものは省いてもよいことを伝え，その結果，トレーニング量が減ったとしても，それが正しい判断であることを教えます。そうすることで，アスリ

ートが無理にきついトレーニングをしなくなるのです。

　現場でアスリートをコーチングする最もよいところは，実際にアスリートを見ることができることです。身体が発する言語を見るということ，フォームはどうなのか，エネルギーレベルはどうか，さらには疲労の状態を正確に捉えるために，アスリートの目を覗き込む必要があります。そのため，インターネットを利用したコーチングでは，コーチの評価が難しいと思っているコーチもいます。

　直接コーチに会う機会がなかったり定期的に話す機会がなければ，友人や家族に見ていてもらうように頼みましょう。外見や気分，精神的な変化に気づいたら知らせてもらいます。これは，よく知っている人からの「リアリティ・チェック（現実直視）」と呼ばれます。妻，夫，彼氏，彼女，トレーニング相手，友人など，まわりの親しい人のほうが，アスリート自身よりも早く変化に気づく場合があります。

評価に基づいた調整のためのトレーニング

　計画通りにリカバリーが行われていないようであれば，修正する必要があります。計画通りにリカバリーがいかないのは，いろいろな理由があるかもしれません。そのようなときには，数日から1週間完全に休むことが得策です。これは，まったく運動をしないことを意味します。トレーニングのことをまったく考えないほうがいいかもしれません（当然ながら，これは，言うは易し，行うは難しです）。

　それができなければ，普段と同じトレーニングのサイクルで，強度だけを

クイックヒント
- 気分，睡眠の質などを検証すればリカバリーの状態がわかりやすくなります。
- コーチや配偶者，親友は，トレーニングの負荷をどのように調整しているかを見てくれています。よく耳を傾けましょう。
- 自分で調子が良くないとか，調整の仕方がわからなくなっていると感じたらトレーニングを再評価しましょう。

落としてもよいでしょう。こうすることで，肉体的にも精神的にもストレスを感じることなく，毎日の活動を楽しむことができます。主となる強度の高いトレーニングを行わずに，すべての運動をウォームアップやクールダウンと同じような軽い強度で行います。

　軽いトレーニングやトレーニングをしなかった1週間後に，睡眠の質はよくなったか，気分はどうか，軽いトレーニングは楽しめたか，などを自分で再評価しましょう。場合によっては，もっと休んだりトレーニングを軽くすることが必要になるかもしれません。もし，前と同じ程度のトレーニングにもどれそうであれば，気分などの評価指標を注視しながら，リカバリーが十分できたかどうか，もしくは休息をとる時間がもっと必要なのかどうかも判断しながら少しずつトレーニングをきつくしていきましょう。

参考・引用文献

Dueck, C.A., M.M. Manore. and K. S. Matt, 1996. "Role of Athletic Balance in Athletic Menstrual Dysfunction." *International Journal of Sports Nutrition and Exercise Metabolism* 6: 165-190.

Fitzgerald, M. 2010. *Run: The Mind-Body Method of Running by Feel*. Boulder, CO: VeloPress.

Friel, J., and G. Byrn, 2009. *Going Long: Training for Triathlon's Ultimate Challenge*. 2nd ed. Boulder, CO: VeloPress.

Kellman, M. and W. Kallus. 2001. *Recovery Stress Questionnaire for Athletes: User Manual*. Champaign, IL: Human Kinetics.

Kellman, M., T. Patrick, C. Botterill, and C. Wilson. 2002. "The Recovery-Cue and Its Use in Applied Settings: Practical Suggestions Regarding Assessment and Monitoring of Recovery." *In Enhancing Recovery: Preventing Underperformance in Athletes*, ed. M.Kellman. 219-229. Champaign, IL: Human Kinetics.

McNair, D., M. Lorr, and L.F. Droppleman. 1971, 1992. *Profile of Mood States Manual*. San Diego: Educational and Industrial Testing Service.

4 リカバリーの定量的な評価

　どのくらいリカバリーできているかは，数値で表わすことができない（質的な）ため，評価がしにくいのですが，それを予測することにより，リカバリーにおける問題点を明らかにすることができます。この章では，リカバリーの程度を数値で表わす（定量的）いくつかの方法について検討します。リカバリーの程度を数値で表わすことで，ほかのトレーニング技術と同じように，自分の身体を知り，身体が必要としているものが何かを知ることができます。これらの数値は，本質を見抜くきっかけを与えてくれますが，最終的には数値で表わすことができない質的な情報と比較検討することによって，リカバリーの状態を決定しなくてはなりません。

　これから紹介する測定項目の多くは，リカバリーが不足している度合い，つまり疲労の状態を見ることによって，リカバリーの程度を間接的に測定します。例えば，安静時心拍数が上昇したり，トレーニング・ピークスのトレーニング・ストレス・スコア（後述します）が高いことは，身体に多くのストレスがかかっていることを示し，リカバリーを必要としている状態と言えます。言い換えると，これらの検査は，オーバーリーチングもしくはオーバートレーニングが起こりうる状態であることを示してくれます。PART IIで説明する方法と技術を適切に用いてリカバリーが行われれば，最終的にここで述べるような検査は必要がなくなるかもしれません。

　リカバリーの測定は，段々複雑になっており，場合によっては難しい数式や

高度な技術が必要なものもあります。そのため，リカバリーを実施する際に，かえって混乱してしまうようなことがあれば，適切とはいえません。自分に合った方法を見つけることが重要です。いずれにしても，量を抑えたスマートなトレーニングに修正し，質がよいと感じるリカバリーを行い，睡眠時間を増やし，ストレスを減らし，よく食べることに重点を置くことが必要です。

研究室で行う検査

　リカバリーの状態を量的に測定する方法の1つに，定期的に血中乳酸値を測定することがあげられます。実際に，ほとんどのスポーツパーフォマンス研究室や多くのフィットネスセンター，一部のコーチが実施しています。研究室で行うような検査から得られた結果は，ペースや心拍数などからトレーニングゾーンを決めるのに有用で，アスリートはその値をもとに，目的のトレーニング負荷を設定することができます。また，血中乳酸値を測定することで，オーバートレーニングの状態になっているかどうかを明らかにすることもできます。1993年の研究では，アスリートがオーバーリーチングになりはじめると，主観的運動強度のレベルに比べて，乳酸値が低いレベルになることが示されています。つまり，生理学的に測定された結果よりもトレーニングがきつく感じるということです。

　医師は，オーバートレーニング症候群の検査として，コルチゾールや成長ホルモン，副腎の状態を把握するためにミトコンドリアの機能など，より精密な検査を行います。これらの検査は，オーバートレーニング症候群の早期発見のために有効ですが，直接医師の指導が必要なため，日常的にリカバリーの状態を見るものとしては使用できません。

　アメリカ・オリンピック・トレーニングセンターなどの選ばれた人たちのための施設でトレーニングをしているアスリートは，贅沢にも血液検査によってリカバリーの状態を評価されています。コーチはアスリートがトレーニングのストレスからリカバリーができているかどうかのデータを，鉄分のレベルなどさまざまな指標から得ています。しかし，ほとんどのアスリートは，

このような検査を受けることができません。幸い現在では，特別な機器や施設を使用しなくても，家庭での検査を通じてリカバリーを定量化することができるようになっています。

自宅でできる方法

　自宅でできる方法には複雑なものもありますが，多くは簡単に行えます。いずれにしても，リカバリーを定量化するために最も大切なポイントは，どの方法を用いたとしても一貫性のある測定を行うことです。

安静時心拍数の測定

　リカバリーの程度を測定する簡単な方法の1つは，安静時心拍数を追跡することです。毎朝，ベッドから起き上がる前に測定することで，常に同じ条件で測定することができます。安静時心拍数は，目覚まし時計のアラーム音などがない状態で目覚めたときに測定することを前提とします。激しい音で目が覚めると，結果に影響が出てしまうことがあります。心拍数は触診で数えることもできますが，指先式血中酸素濃度計（医療用品販売店でパルス酸素濃度計として販売されています）や心拍数モニターを使って測定してもかまいません。心拍数モニターを使用する場合，モニターストラップを装着してから心拍数が普通にもどるまで数分間静かにしているとよいでしょう。また，エクササイズから一定の時間をおいた決められた時間に，数分間横になって安静時心拍数を測定してもよいでしょう。

　測定した心拍数をトレーニング日誌に記録しましょう。心拍数を1週間以上追跡すると，平均的な心拍数が明らかになります。ある日の心拍数がいつもより5〜10拍以上高かったら，トレーニングが原因であったり，ストレスが上昇する徴候であったり，感染症にかかる前段階の可能性があります。そのような場合は，休息をとったり，トレーニングを軽くするとよいでしょう。コーチによっては，安静時心拍数が平均より5拍高ければ軽いトレーニングに変更し，10拍以上高ければトレーニングの中止をすすめています。しかし，この数

値は，平均的な安静時心拍数がどの程度かによって，意味が多少変わってきます。例えば，安静時心拍数が35であれば，5拍の増加は大きな変化ですが，安静時心拍数が70であれば5拍の増加はそれほど大きな変化とは言えません。経験を積むことによって，安静時心拍数にどのくらいの許容範囲があるか，感覚的にわかるようになります。心拍数はいろいろな要因に影響されることを覚えておきましょう。トレーニングとリカバリーの状態は，精神状態，睡眠の質や睡眠時間，免疫系の強さ，栄養状態にも影響されます。これらはリカバリーに影響があるだけでなく，日常生活で起こっていることと関連している場合もあります。したがって，安静時心拍数は健康全体の一部としてみることが必要です。

起立性心拍数の測定

フィンランドの運動生理学者のヘイキ・ラスコが開発した起立性心拍数検査は，横になった状態の安静時心拍数と立位の状態での心拍数を計測し，その両者を比較します。この検査は，心拍数モニター（またはレストワイズの項で述べるフィンガークランプのような心拍計）をつけたまま横になって行います。数分間休んで，心拍数を安定させます。横になったまま2分間測定し，それから立って15秒，90秒，120秒の心拍数を記録します。立ってから90秒と120秒の間の心拍数が平均値であれば，よいといえます。その数値を自分のトレーニング日誌に記録します。

図4.1に起立性心拍数の変化を示しました。横になった状態から立つと心拍数は高くなりますが，約15秒でもどりはじめます。ラスコは，オーバートレーニングになりかけているアスリートは，立ってから90〜120秒の間の心拍数が平均より高かったことを報告しました。これは交感神経系に負荷がかかっていることを表わし，身体に適応できないほどのストレスがかかっていること示しています。この検査は安静時心拍数の測定と同じように，定期的に時間をかけて実施することが必要です。例えば，毎日または毎週，実施する際には毎回同じ状況をつくるようにしましょう。各トレーニングのミクロサイクルの同じ日の同じ時間に測定してもよいでしょう。

図4.1　起立性心拍数の変化

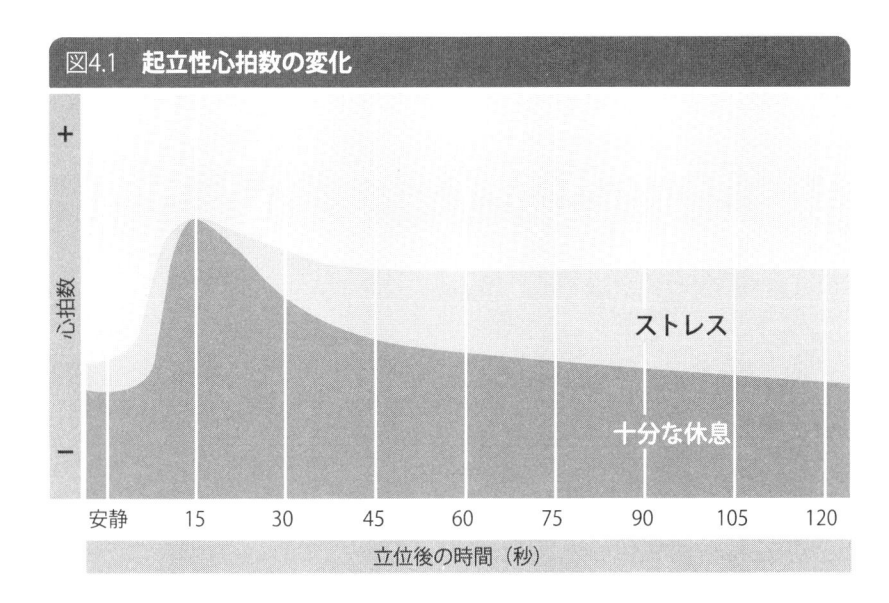

縦軸：心拍数　横軸：立位後の時間（秒）　安静／15／30／45／60／75／90／105／120

ストレス
十分な休息

心拍変動の測定

　心拍変動とは，各心拍の間隔の周期的な変動のことを指します。心臓が毎分60回拍動しているとした場合，各拍動の間隔は必ずしも1秒ではなく，0.89秒の場合もあれば，1.23秒の場合もあり，いろいろと変化します。この変化は，悪いことではありません。副交感神経系がコントロールできていて，身体が受けているストレスが比較的軽いことを示しています。拍動がより規則的で変化が少ないときは，身体のシステムがストレスを感じています。実際に，心拍変動が少ないと，心臓発作のような心臓病の前兆と考えられることもあります。また，身体が運動によるストレスに適応できていないときにも心拍変動が少なくなります。そこで，安静時の心拍変動を計ることで，身体にかかっているストレスを推測することができます。

　心拍変動はリカバリーのよい指標になります。つまり，変動が大きいほど，リカバリーできたと言えます。心拍変動を測定するためには，一般的な5～10秒間隔での心拍数を測定するモニターより，もっと精密に心拍を測定することができるモニターが必要です。具体的には，R-R測定と呼ばれ，R波のピークを計算して1拍のピークと次の1拍のピークとの間隔を分析します。これ

は、ポラールやスントなどの最上級の心拍数モニター（25,000〜35,000円）で測定可能です。ラン，自転車，マルチスポーツ専用モデルのポラールのRS-800シリーズは，R-R測定結果を「リラクゼーションレート」で表示します。ポラールは，「リラクゼーションテスト」の一部として心拍変動をモニターしています。ポラール時計のランニング指数の機能は，心拍変動とその他のデータを合わせて，その日のトレーニング効果を示してくれます。スントモニターは，低価格のものでは運動強度しか測定できませんが，より高級なモデルでは，心拍変動からリカバリー状態を測定できるものまであります。高級なモデルを買えるようであれば，きついトレーニングの後のリカバリーの状態を観察するために役に立ちます。

しかし，安静時心拍数と同じように，心拍変動はいくつかの理由で変わることがあります。したがって，リカバリーは，全体をとらえることが大切で，これらの値はあくまでも評価の一部としてみるようにしましょう。

運動後過剰酸素消費（EPOC）の測定

運動後過剰酸素消費は，運動の直後に，身体の恒常性を保つため，運動により消費した酸素を補おうと酸素を過剰に摂取（安静時代謝より余分に酸素を消費）することで起こります。つまり，運動後過剰酸素消費により，運動が身体にどのくらいのストレスをかけたかを予測できます。運動後過剰酸素消費は，研究室でマスクを使って，酸素の摂取量と消費量を測定して算出しますが，この方法は日常的に行えるわけではありません。スントの心拍数モニターでは，運動後過剰酸素消費量を見積り，どのくらいリカバリーすべきかを示してくれます。

時計のディスプレーにはリアルタイムでトレーニング効果が表示されます。1〜5までの数字を使って，トレーニングが身体にどれくらいストレスであるかが示されます。1はほぼストレスがかかっていないトレーニング，5は非常にストレスの高いトレーニングです。スントのt6モデルは，このデータをコンピュータにアップロードしてさらに分析することができます。

アスリートは，これらのモニターを使って，モニターのデータと主観的運動

強度とを比べることができます。トレーニング効果が高く，主観的運動強度が同じレベルである場合には，運動によるストレスのためにリカバリーに注意を払う必要があることを示しています。また，トレーニング効果と主観的運動強度とに隔たりがある場合，つまり主観的運動強度の割にトレーニング効果が低い場合やその反対の場合にも，リカバリーが必要です。

フォスターの修正主観的運動強度

　運動生理学者であるウィスコンシン大学ラクロス校のカール・フォスターは，ボルグが作成した主観的運動強度（ボルグ・スケール）の評価スケールをもとにトレーニング負荷を測定する方法を開発しました。

　ボルグ・スケールでは，自分で感じる感覚的な"きつさ"によって運動強度を6から20にまで分類しています（この値を10倍するとそのときの心拍数とほぼ一致します）。フォスターのスケールでは，全体のトレーニングの強度を0から10までの指標で表わしています。

　フォスターの方法では，運動強度を「0：努力していない」から「10：最大の努力をしている」の10段階に分けます（運動強度を評価するためには，運動が終了してから30分待ちます）。その値をトレーニングの時間（分）にかけます。例えば，2時間走って，強度が「3：まあまあ努力した」だった場合，そのトレーニングセッションは360（120×3）トレーニング負荷単位となります。きつい自転車こぎを45分間，疲労困憊近くまで行い，「9：最大努力に近い」だった場合は45×9で405単位となります。無酸素運動も同じように評価することができます。重量挙げを50分間，「6」の強度で行った場合は50×6で300単位，ヨガを180分間，「4」の強度で行った場合は180×4で720単位になります。

　これらの計算は簡単にでき，ほかのストレスのことも考慮したうえで自分の主観で運動強度を確認できます。この方法は，後述するE.W.バニスターのトレーニング・インパルス（TRIMP）システムほど正確ではないものの，より簡単に使えます。

　何日間かのデータが集まれば，簡単な分析でも自分のトレーニングの単調

さがわかり，さらにトレーニング負荷にさまざまな変化があるかどうかなど，面白い考察ができます。トレーニングが単調になると，オーバートレーニングになる可能性が高くなってきます。また，トレーニングが単調になると，普段慣れている負荷よりも多くの負荷がかかり，しばしば体調不良の原因になることがあります。1週間にわたって変化を見ることで，体調不良やオーバートレーニングにならずに，より効果的なトレーニングができるようになります。1週間に低強度のトレーニングを実施する日を数日入れて変化をつけることで，オーバートレーニングのような悪い結果にいたらずにトレーニングが行えます。

　フォスターは，エリートアスリートのトレーニング量としては，1週間で4,000単位がよいと指摘しています。そのためには，4日間は高強度でのトレーニング，2日間は低強度でのトレーニング，1日は休息にするとよいでしょう。このパターンでトレーニングを実施すれば，6日間を高強度トレーニング，1日を休息にあてるより身体に対する負担が少なくなります。

　自分のトレーニング負荷がどの程度単調であるかを把握するために，毎日のトレーニング負荷を計算するようにしましょう。長い期間にわたってこの値を追っていくと，自分の負荷の閾値がわかるようになります。その閾値を超えると危険区域に入り，リカバリーができなくなったり，オーバートレーニングに陥る危険があります。

　表計算ソフトを使うことが得意であれば，自分の負荷，単調さと1週間のトレーニングのばらつき，トレーニングの歪みを簡単に追跡できます。**表4.1**と**表4.2**に1週間のトレーニング例を示しました。**表4.1**は，ある1週間の実際のトレーニング負荷です。**表4.2**は，比較のために，単調できつい1週間のトレーニングの架空のデータを示しました。これは，多くのアスリートに実際に見られる内容です。この2つの週の全体的な負荷は，**表4.1**では2,065，**表4.2**では2,080とほぼ同じです。しかし，週の単調さに大きな影響を与える毎日の負荷の標準偏差の違いに注目してみましょう。**表4.1**に示した週の単調さを示す数字は1.5ですが，毎日一所懸命走った**表4.2**の週の値は28倍の42.4です。また，**表4.1**に示した1週間のトレーニングの負担度3,097ですが，**表**

第4章　リカバリーの定量的な評価

表 4.1　1週間のトレーニング負荷例

曜日	トレーニングプログラム	時間（分）	主観的運動強度（RPE）	負荷（時間×RPE）
月曜日	所々ペースを上げて走る	40	5	200
	泳ぐ	30	3	90
	ヨガ	60	2	120
火曜日	中等度のサイクリング	50	3	150
	軽く走る	30	3	90
水曜日	インターバルを入れて走る	45	7	315
	泳ぐ	40	2	80
	ヨガ	60	2	120
木曜日	軽くサイクリング	50	2	100
金曜日	軽く走る	40	2	80
土曜日	長い距離を走って，最後にスパート	120	6	720
日曜日	休み			
	負荷の合計			2,065
	毎日の平均の負荷（負荷の合計÷7）			295
	毎日の負荷の標準偏差			188
	単調さ（毎日の平均負荷÷標準偏差）			1.5
	1週間のトレーニングの負担度（負荷の合計 x 単調さ）			3,097

出典：Noakes の「Lore of Running」より。

表 4.2　1週間のきついトレーニング負荷例

曜日	トレーニングプログラム	時間（分）	主観的運動強度（RPE）	負荷（時間×RPE）
月曜日	走る	60	5	300
火曜日	走る	60	5	300
水曜日	走る	60	5	300
木曜日	走る	60	5	300
金曜日	走る	60	5	300
土曜日	走る	70	4	280
日曜日	走る	60	5	300
	負荷の合計			2,080
	毎日の平均の負荷（負荷の合計÷7）			297
	毎日の負荷の標準偏差			7
	単調さ（毎日の平均負荷÷標準偏差）			42.4
	1週間のトレーニングの負担度（負荷の合計 x 単調さ）			88,251

出典：Noakes の「Lore of Running」より。

4.2に示したトレーニングの負担度は88,251です。このことから，毎日，高強度トレーニングを続けることは，高強度のトレーニングと低強度のトレーニングを交互に行うより，はるかにストレスが多いということが明らかです。

リカバリーを測定するためのソフトウェア

トリンプ（TRIMP）とレースデイ

　トレーニング負荷を測定することによって，アスリートの身体にどのくらいのストレスがかかっているかを追跡でき，負荷量に合わせたリカバリーを見積もることができます。これを行う1つの方法として，運動学者のE.W.バニスターのトレーニング・インパルス（TRIMP）システムがあります。これは，トレーニング量を持続時間×Δ心拍数比率で求めるものです。Δ心拍数比率は，「運動中の平均心拍数−安静時心拍数」を「最大心拍数−安静時心拍数」で割って算出します。

$$\Delta 心拍数比率 = \frac{運動中の平均心拍数 - 安静時心拍数}{最大心拍数 - 安静時心拍数}$$

　TRIMPは，表計算ソフトや市販されているTRIMPソフトウェアで追跡することができます。フィリップ・スキバのレースデイも同じような使い方ができるソフトウェアです。アスリートの身体にかかっているストレスを評価し，ある週の目標のピークパフォーマンスを達成するために，トレーニングを増やすか減らすかを予測します。

WKO+

　WKO+は，トレーニングによってかかる身体への負荷（つまり，どの程度リカバリーが必要か）を定量化するための，トレーニング・ピークスのウェブサイトとリンクしたアプリケーションソフトウェアです。

　WKO+パワーメーター（競技用自転車に装着し，パワー，速度，距離や時間などを計測できる機器）や，同様の機能がついた腕時計から得られるデータの

入力をもとに，トレーニング・ストレス・スコア（Training Stress Score：TSS）などを表わします。また，それは短期的トレーニング負荷と長期的トレーニング負荷を示し，選手の負荷に対する適応状態（フィットネス）や調子をもることもできるとトレーニング・ピークスは説明しています。

アンドリュー・コーガン博士のトレーニング・ストレス・スコア（TSS）は，トレーニング・ストレスを定量化したものです。TSSは1時間タイムトライアルをしたときの最大パワー（ランニングではペース）が基準になります。つまり最大パワーで1時間自転車をこいだ場合はTSS＝100（60分÷60分×100），最大ペースで42分間自転車をこいだ場合ではTSS＝70（70＝42分÷60分×100）となります。TSSやトレーニング中のデータから，短期トレーニング蓄積量（Acute Training Load：ATL），長期トレーニング蓄積量（Chronic Training Load：CTL）が表わされます。

CTLが高くATLが低いときは，トレーニングは十分積んでいるが疲労がない状態，つまりコンディションがよく，リカバリーができていることを表わします。また，CTLが高い低いにかかわらずATLが高いと，疲労があるため身体がリカバリーを求めていることになります。

また，トレーニング・ストレス・バランスは，CTL–ATLの差によって求められます。WKO+の分析ツールの開発に協力した生理学者のスティーヴン・マクレガーは「トレーニング・ストレス・バランスの値はリカバリーの状態をみるうえで最も重要である。特に自分自身でトレーニングを管理している人は，トレーニングに内向きになりがちで，客観性を維持することが難しい。そのようなとき，WKO+の定量的アプローチを用いることによって広い視野で客観的に身体の状態を知ることが可能になる」と言っています。

図4.2は，WKO+でつくったある女性トライアスリートのパフォーマンス管理チャートです。彼女は6月末に自転車中心の高強度のトレーニングを行いました。その後7月10日の優先度Bのレースのためトレーニングを控えました。そのレースでは，特に自転車のパフォーマンスが素晴らしいものでした。このことは，図4.2のトレーニング・ストレス・バランスの線が，レースがはじまるときには良好な状態に上がったことからもわかります。

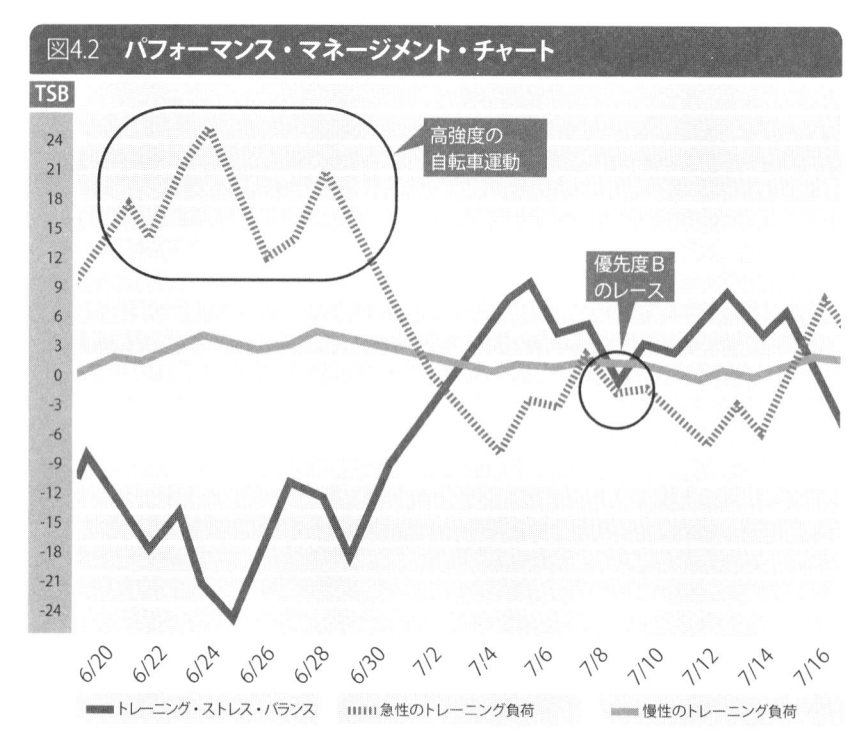

図4.2 パフォーマンス・マネージメント・チャート

注：急性のトレーニング負荷が高いとトレーニング・ストレス・バランスは低くなる。競技会前に軽い負荷のトレーニングを行うことで，トレーニング・ストレス・バランスがよくなる。

レストワイズ

　レストワイズ (restwise.com) は，アスリートのリカバリーを測定するために，12の簡単な指標を評価するウェブサイトです。心拍数，血中酸素飽和度 (SPO_2)，体重，睡眠時間は数値で，また，睡眠の質，エネルギーレベル，気分，前日のトレーニングにおけるパフォーマンス，食欲，体調 (吐き気，喉の痛み，頭痛，下痢)，筋肉痛，尿の色は質的に，画面上のゲージバーをスライドさせるか「はい」「いいえ」で評価します。データを入力すると，一定の手順の後，リカバリーレベルを予測する「リカバリースコア」が出てきます。

　このサイトを制作したジェフ・ハントらは，アスリートが使いやすい単純なモデルを望んでいました。レストワイズが追跡するデータは単純ですが，ア

スリートの日常生活におけるストレスレベル，脱水状態と適応のレベルを明らかにしてくれます。このサイトを使用するには，安静時心拍数および血中酸素飽和度を測定するための小さなフィンガー・クランプを買って，枕元などに置いておく必要があります。このフィンガー・クランプは，心拍数を自分で数えたり，心拍数モニターを使用するよりはるかに便利で，正確に心拍数と血中酸素飽和度を短時間に読み取ります。血中酸素飽和度が，アスリートのリカバリーの状態を直接表わすわけではありませんが，血中酸素飽和度がしばらくの間，通常より低ければ，低レベルの貧血などの問題がある可能性があります。また，高地に行った場合，血中酸素飽和度は低下しますので，高度に順応するまでのトレーニングの強度の指標になります。このように，血中酸素飽和度の状態を把握することで，運動強度を調節することができます。

WKO+は，トレーニングによるストレスしか反映していません。しかし，アスリートは，トレーニングだけでなく，仕事や日常生活からもストレスを受けており，このストレスが身体へ影響を与えます。身体的な状態を計測できるレストワイズを加えることで，より深くリカバリーの状態を知ることができます。

市販されているさまざまなソフトウェアに大きな違いはありません。自分のトレーニング負荷の測定に使用する際は，実際に試してから選択する必要があります。自分に合ったソフトウェアを見つけ，データを蓄積していくことができれば，強力なツールとなります。急性トレーニングのどのレベルを維持することができるか，どのくらいが多すぎるか，さまざまな強度のトレーニング後のリカバリーのために，どれだけの時間を必要とするかなど，いろいろな傾向が見えるようになります。自分の身体に対する意識を高めるために，これらの技術を活用してください。

クイックヒント
▶ リカバリーの定量的な評価を最良にするためには，一貫性のある測定をすることです。そのためには，継続して計測することが重要です。
▶ 継続して測定することで精度が上がります。そして，最終的には，自分の感覚でリカバリーの評価ができるようになるでしょう。

記録をつける

本章で紹介した自宅でできる方法

をより効果的にするために，測定結果を注意深く追跡する必要があります。これは紙に書いてもいいですし，コンピュータで自分で記録しても，関連ソフトウェアにオンラインで記録してもいいでしょう。安静時心拍数，起立性の心拍数，心拍変動を測定した場合には，これらの値を記録すべきです。

　トレーニング以外のストレスの原因になっている情報を記録することも，リカバリーの対策を考えるうえで有効です（第3章参照）。数週間，数ヵ月，数年間にわたって記録をつけることで，自分の身体とパフォーマンスの本質を見抜くための強力なデータベースをつくることができます。

参考・引用文献

Apor, P., M. Petrekanich, and J. Számado. 2009. "Heart Rate Variability Analysis in Sports." *Orv Hetil* 150: 847-853.

Banister, E. W. 1991. "Modeling Elite Athletic Performance." In *Physiological Testing of the High-Performance Athlete*, ed. J. D. MacDougall, H. A. Wenger, and H. J. Green, 2nd ed., 403-424. Champaign, IL: Human Kinetics.

Cooper, K. 1970. *The New Aerobics*. Eldora, IA: Prairie Wind.

Foster, C. 1998. "Monitoring Training in Athletes with Reference to Overtraining Syndrome." *Medicine and Science in Sports and Exercise* 30: 1164-1168.

Meeusen, R., E. Nederhof, L. Buyse, B. Roelands, G. De Schutter, and M. F. Piacentini. 2008. "Diagnosing Overtraining in Athletes Using the Two Bout Exercise Protocol." *British Journal of Sports Medicine*, Aug. 14.

Noakes, T. 2001. *Lore of Running*. 4th ed. Champaign, IL: Human Kinetics.

Rusko, H., ed. 2003. *Cross Country Skiing*. Malden, MA: Wiley Blackwell.

Smith, D. J., and S. R. Norris. 2002. "Training Load and Monitoring in an Athlete's Tolerance for Endurance Training." In *Enhancing Recovery: Preventing Underperformance in Athletes*, ed. M. Kellmann, 81-101. Champaign, IL: Human Kinetics.

Snyder, A. C., A. E. Jeukendrup, M. K. Hesselink, H. Huipers, and C. Foster. 1993. "A Physiological/Psychological Indicator of Over-Reaching During Intensive Training." *International Journal of Sports Medicine* 14: 29-32.

Steinacker, J. M., and M. Lehmann. 2002. "Clinical Findings and Mechanisms of Stress and Recovery in Athletes." In *Enhancing Recovery: Preventing Underperformance in Athletes*, ed. M. Kellmann, 103-118. Chmpaign, IL: Human Kinetics.

5 ケガと病気からの
リカバリー

　本書は，健康でケガをしていないアスリートのリカバリーに焦点を当てています。しかし，健康でケガをしていない人でも，ときには病気になったりケガをしたりすることもあります。病気とケガからのリカバリーの過程はそれぞれの状態に特有のものであり，理学療法士など医療関係者が対処する必要があります。

　本章では，病気やケガをしたアスリートのリカバリーに対処するための一般的なガイドラインを示します。

予　防

　最も大切なことは，病気に罹ったりケガをする前に予防をすることです。もちろん，このことは口で言うほど簡単なことではありません。自分の身体に細心の注意を払い，喉がちょっとムズムズするとか，膝がちょっと気になるなど，少しでも普段と違うことに気がついたら，すぐにトレーニングをいったん止めることが重要です。ときには，1〜2日間トレーニングを軽くしたり，休むことによって，リカバリーが促進され，病気やケガの症状を軽くすることができる場合もあります。また，もし1〜2日間トレーニングを休んでも具合がよくならなかったり，トレーニングによって症状が悪化するような場合は，医師の診察を受けるようにしましょう。

自転車競技のアメリカ代表コーチでトライアスロンのアメリカ代表チームのメディカルスタッフであるハル・ローゼンバーグは，自身の経験から，どこかが痛くなったら，バイオメカニクス的にみて症状が動作に影響を与えていないかどうかを自問してみてみることが必要だと言っています。もし答えが「はい」である場合（痛みを避けるために，いつもと違う動きをしているようであれば）運動を止めるべきです。事態が悪化するまで待たずに，早めに医療関係者と相談してください。ローゼンバーグは，次のように述べています。

> スポーツ医学の分野において多く見られる問題は，ケガをしていてもトレーニングを続けられると思う人がいることです。しかし，ケガを残ったままにしておくと，さらに悪化させてしまうことがあります。できるだけ早期にケガに対処すれば，しっかりと治すことができます。例えば，2ヵ月間，ケガの問題を抱えていた人が，重要なレースの2週間前に訪れたとします。その時点での最善のシナリオは，その人がレースで完走できるように，一時的に問題を解決する努力をすることです。しかし，もし2ヵ月前に診察にきてくれていれば，しっかりと治療をしてレースに臨めるようにできたはずです。

何かが不都合である，あるいはおかしいと感じたら，自分自身で正直に認めてください。自分が正直な評価をするためには，コーチや家族が助けになります。何か問題があったと思っても，それを治すための時間を確保するのに理解者がいなければ，痛みを無視してトレーニングをしてしまうことになります。これはトラブルの連鎖のはじまりです。その影響でストライドやストローク，技術が変わってしまうかもしれませんし，自分の免疫系にさらに負担をかけることにもなります。「悪い芽は早めに摘み取れ」「今日の一針より明日の十針」「残念であるより安全であるほうがよい」ということわざは正しいのです。

表 5.1　正常な痛みと危険信号としての痛み

正常な痛み	危険信号
身体の両側	身体の片側
筋の中央に感じる	関節周囲に感じる
トレーニング強度を変えた後に見られる	毎日見られる
ウォームアップの後によくなる	トレーニング中に悪化する
日々よくなる	悪化するか，変わらない
フォームに影響しない	フォームに影響する
全体的に感じる	局所的に感じる

ケガと痛みの区別

　アスリートは，超回復を生じさせるために，トレーニングによって身体機能に負荷をかけます。特にトレーニングの負荷が大きい期間に多少の痛みや筋肉痛を経験するのはよくみられることです。ただし，通常の筋肉痛とケガの徴候からくる痛みを見分けることは難しく，その方法を知っておく必要があります。

　一般的に，筋の中心や身体の両側に痛みや圧痛を感じているのであれば，おそらくそれは正常であるといえます。関節の周囲（関節部の腱や靱帯）に局所的な痛みを感じる場合，もしくは身体の片側だけに痛みを感じるようであれば，注意が必要です。新しい動きを行った後や，トレーニングを通常より激しく行ったり，長く行った後に痛みがあった場合には注意してください。それは，通常，1～2日で改善するはずです。痛みが悪化し続けたり，トレーニング中に痛みを感じたら（特にフォームに影響する場合）トレーニングを止めて，チェックをしてもらってください。**表 5.1** に通常の痛みと注意すべき徴候を示しました。

ケガや病気からのリカバリー

　ケガや病気によってしばらくトレーニンが行えなかった場合は，トレーニ

ングを再開する際には十分に注意をしてください。よく見られる落とし穴として，体力が低下していることに気づかないことがあります（最大速度などは1〜2週間使用しないことで徐々に落ちてしまいますが，筋持久力と有酸素能力は，1ヵ月後でもまだ維持できています）。また，しばしば体力の低下が病気に影響していることもあります。例えば，胃の不調によって脱水状態が続いているかもしれませんし，呼吸器感染症の影響で呼吸に問題があるかもしれません。最も早くもとにもどるためにも，痛みや症状がない状態でのトレーニングをする必要があります。1〜2日間トレーニングを休んだり，再開したりを何回か繰り返す場合もあります。

　リカバリーの方法は，症状がどのような状態かによって異なります。24時間嘔吐したりすると，身体が弱って通常のトレーニングが完全にできないようになりますが，1〜2日間，軽いトレーニングをすることで，もとのトレーニング計画にもどることができるようになります。ほかにも，インフルエンザからのリカバリーのためには，2週間もトレーニングができない場合があります。肋骨にひびが入っている場合は1ヵ月以上かかることもありますし，骨盤の疲労骨折では月単位でのリハビリテーションが必要になることがあります。できるだけ早くトレーニングにもどりたいという強い気持ちによって，問題をさらに悪化させる恐れがあります。振り出しにもどって，さらに悪化させることがないようにしてください。急いで復帰することでケガが長引くよりも，忍耐強く治すほうがよいのです。

　症状がなくなったら，水泳やサイクリングのような身体に負担が少ないスポーツを開始してかまいません。最初は楽にそしてゆっくり，短い，軽いトレーニングを行ってから，徐々に強度を高めていってください。慎重に，正直に自分の進捗状況を評価して，ケガの部位や病気の症状が現われたらトレーニングを控えめにします。

　ランニングは身体への負担が大きいため，ランニングプログラムにもどるのには特別な注意が必要です。特にコンタクトスポーツではゲガをしてから現場にもどるまで，油断することなくプログラムを進めていきます。幸いにも，コンタクトスポーツでは，アスレティック・トレーナーやコーチが現場に

いることが多く，相談しながらプログラムを進めることができます。これらの人に進捗状況を評価してもらうことで現場への復帰が容易になります。特にコーチがいない持久的種目や距離系の種目のアスリートは，ランニングに復帰する際には，自制心をもって臨む必要があります。ウィリアム・アンド・メアリー大学でアスレティック・トレーナーをしているスティーブン・コールが実施している漸進的なアプローチを**付録A**に示しました。

オーバーユースによる障害からのリカバリー

　オーバーユース障害からのリカバリーは，どこをケガしたかによって異なります。軟部組織の炎症であればかなり早く緩和される場合がありますが，疲労骨折が治るには数週間から数ヵ月の時間が必要になることもあります。オーバーユース障害からのリカバリーにとっては，問題の原因を理解することが最も重要です。オーバーユースによる障害は，身体のアンバランスやトレーニングと休息のアンバランスなど，すべて「バランスの悪さ」のために起こります。バイオメカニクスの専門家や理学療法士などは，アスリートとの仕事に習熟しており，通常，筋力強化や柔軟性向上のためのエクササイズによって，アスリートの根本的問題に対処しています。技術的なトレーニングをすることで，正しい動作のパターンを強化することができます。これらのことはリカバリーをしている間はもちろん，トレーニングを再開しても継続的に実施することができます。

　オーバーユースによる障害の一部は，器具の誤った使用により引き起こさ

クイックヒント……

▶ 身体が発する警告信号に注意し，ケガや病気がひどくなって何週間も休むより，最初の徴候がみられた段階でトレーニングを 2～3 回休んだほうがよいでしょう。
▶ オーバーユース障害につながる可能性のある根本的な問題を解決するためには，ヘルスケア・チームとともに対処しましょう。
▶ 発熱や胃腸の障害など，身体の首より下に病気の症状が現われた場合は，トレーニングをしないようにします。
▶ しばらく休息をとった後にトレーニングにもどるときは，時間をかけて計画的にもどりましょう。症状が再度現われたらトレーニングを減らします。

れることもあります。例えば，水泳用のパドルによって肩に負担がかかりすぎたり，自転車のサドルの位置が身体に合っていなかったり，またランニングシューズが古すぎたり，自分に適していなかったりすることがあげられます。これらの問題は通常，すぐに修正することができます。定期的に専門家と相談して，自転車やランニングシューズが自分に合っているかをチェックしてもらうことで，これらの問題は容易に避けることができます。

急性のケガからのリカバリー

　急性のケガは，通常，転倒したり衝突したりしたときに起こります。完全な治癒には時間が必要で，リカバリーは，どこを傷つけたかや，炎症や痛みのレベルによって変わってきます。クロストレーニングは，ケガが治癒するまでの間，有酸素性能力を維持するためによい選択になります。例えば，足関節を捻挫したランナーは，自転車に乗ることでトレーニングが可能になります。また，鎖骨を折った自転車選手が，トレーニング用自転車に乗ることは可能かもしれません。また，手関節を骨折した水泳選手は，ウォーキングを楽しむことはできます。

病気からのリカバリー

　病気からのリカバリーは，病気の重症度や持続時間，病気がどのような身体機能に影響しているかによります。首より上の症状（喉の痛み，鼻づまり，頭痛など）であれば，軽いトレーニングをすることができます。しかし，首より下の症状（咳，発熱や胃腸の障害など）があればトレーニングをしないほうがよいでしょう。これらの全身症状がある場合は，トレーニングのことを考えるより，それらの症状を治すことを考える必要があります。また，トレーニングによって症状が再び悪くなったら休息が必要です。自分の身体が，トレーニングをこれ以上続けるべきか止めるべきかの合図を出してくれます。頭のなかでは，早くトレーニングにもどることを考えているかもしれませんが，身体が訴えていることによく耳を傾けるようにしましょう。

PART II

リカバリーテクニック

6 アクティブ・リカバリー

アクティブ・リカバリーの内容

アクティブ・リカバリーは，低強度でのエクササイズで行います。アクティブ・リカバリーは，トレーニング中（トレーニング間のインターバル）やトレーニングの直後

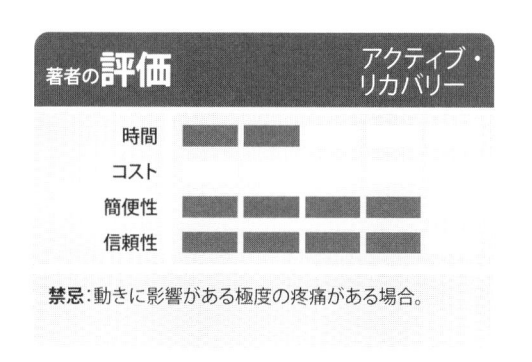

著者の**評価**	アクティブ・リカバリー
時間	■■
コスト	
簡便性	■■■■
信頼性	■■■■

禁忌：動きに影響がある極度の疼痛がある場合。

（クールダウン）だけでなく，トレーニングとしてアクティブ・リカバリーを単独で行うこともあります。また，オフシーズンに心身をリフレッシュするためにアクティブ・リカバリーを行う人もいます。アクティブ・リカバリーの有効性については，研究によって明らかにされています。

例えば，陸上競技大会のトラック種目や水泳大会などで，競技間のインターバル中に行うアクティブ・リカバリーは，短時間でのリカバリーとして役立つことが証明されています（Nericら 2009）。この章では，クールダウンや軽めのトレーニングセッションとして行われるアクティブ・リカバリーについて説明します。

クールダウン

　2000年にウィガネーズらが行った研究では，中等度の強度で60分×2セットのランニング，または高強度で30分×2セットでのランニングの後に，軽いクールダウンを15分行った結果，白血球数の減少を防ぐことができたと報告されています。これは，クールダウンによって身体機能が徐々に正常にもどり，免疫系にかかっていたストレスが減少したことを意味しています。クールダウンは，コンピュータの正しい消し方に似ています。コンピュータを消すときは，いきなりソケットから電源コードのプラグを抜くのではなく，手順に従いメインメニューからシステム終了を選びます。クールダウンもそれと同じように考えればよいのです。コンピュータを消すときは，ファイルをもとにもどして，アプリケーションを1つずつ閉じるなど，段階的に作業を終了させます。クールダウンのときには，自分の身体で同じことが起こります。クールダウンをしたほうが，しなかったときよりも，より速く乳酸が除去されます（Baldariら2005）。また，身体が恒常性を保とうとするため，クールダウンをすることで，身体のすべての機能がもとにもどされます。体温はよりスムースに正常にもどり，中枢神経系は落ち着き，リカバリーのための準備をします。単に運動を止めるだけでクールダウンをしないと，身体の機能に対して大きな衝撃を与えてしまうことになります。

　穏やかな静的なストレッチングなどでクールダウンを行う際には，各ストレッチを30秒間，あるいはゆっくりとした呼吸5回分保持してください。筋肉が温まっている状態で行うことにより，関節可動域の改善に役立ちます。一方，静的ストレッチングよりも，動的ストレッチングや運動動作に基づいたストレッチングのほうがパフォーマンスの発揮には効果的と言われています。運動の前後で使い分けをするとよいでしょう。

軽いトレーニングセッション

　アクティブ・リカバリーを軽い運動で行う場合は，リカバリーさせたい筋の血流を増加させるため心拍数を上げますが，上げすぎて身体に過度な負担にならないように注意しなければなりません。

第6章　アクティブ・リカバリー

　軽いトレーニングセッションは，自分がメインに行うスポーツでも違うスポーツでも構いませんが，衝撃の少ない運動で行います。いずれにしても，十分に低い強度で行いましょう。アクティブ・リカバリーを行うときは，最高心拍数の55％を超えないようにします。その強度は「自転車で散歩するように」と例えられます。アクティブ・リカバリーは，会話ができる程度の強度で行うべきです。軽く汗をかく程度で十分で，長くても30分程度にしましょう。40分を超えるとアクティブ・リカバリーではなく，軽い持久的運動のセッションになってしまいます。

　リカバリーのための運動は，高強度のトレーニングの日と高強度のトレーニングの日の間に行います。また，1日に何回も運動をする場合には，高強度の運動の約12時間後，さらに次のトレーニングまでに約12時間は空けるようにしましょう。高強度のトレーニングに対する適応力と，それに伴うリカバリーの必要性は個人個人で異なります。第1章で説明したパターンを用いても構いませんし，異なる順序のほうが有効な場合があるかもしれません。重要なことは，毎日のトレーニングが高い強度にならないように，低い強度の日を間に組み合わせていくことです。

　また，トレーニングの強弱は，1日やその週だけで考えるのではなく，1ヵ月や1シーズン，そして数年間の期間で計画する必要があります。オリンピック選手であれば，4年ごとのサイクルですが，すぐに1年や2年は経ってしまいます。特に厳しかったシーズンの後に，激しい運動から，軽い運動に移行することを忘れないように，トレーニングの期分けを十分に考慮しましょう。アクティブ・リカバリーを行うことで，トレーニングに変化を与えることができます。第4章で述べたことを思い出してください。アスリートは，トレーニングが単調であるより変化があったほうが，トレーニングによるストレスに対して適応しやすくなります。軽い運動の日をとても軽くすることで，ハードな運動の日を本当にきつくすることができるようになります。軽い運動の日がコントロールできれば，ハードな日にもう少し速く，もう少し長くトレーニングをする余裕ができます。よい結果を出そうと，軽い運動の日にハードな練習をしてしまうと，トレーニング効果が十分に得られなくなります。フォスタ

ーは，低負荷のトレーニングをして，よい結果を出していたアスリートのことが忘れられないと言っています．軽いトレーニングの日に休まなければ，ハードな日に十分なトレーニングはできないのです．ただし，軽いランニングや軽く自転車に乗るだけのつもりだったのに，どうしても予定よりペースが速くなってしまうこともあります．そのような場合は，完全に休むようにしましょう．

　もちろん，アスリートの心理を考えると，完全に休むことは，「言うは易し行うは難し」です．特に集団で行動するような場合は，休むことが非常に難しくなります．フォスターは，さまざまなコーチのトレーニング計画を見て，アスリートが実際にどのくらいハードなトレーニングをしているのかを調査しました．コーチが立てた計画は，いずれもよく考えられており，トレーニングと休息，激しい日と軽い日のバランスが適切に設定されていました．ところが実際には，「コーチがトレーニングを軽くしたい日でも，アスリートがきついトレーニングをしてしまい，そのため，コーチがきつくしたい日には，それをこなせなくなっている」という問題がみられました．この調査は，軽いトレーニングの日に休息が十分とれていないと，きつくする必要が生じてもアスリートがそれに対応できない状態になってしまうことを示しています．

　もし自分が，練習中，周囲の人に影響されやすいタイプであれば，グループから離れて，自分自身の練習を1人で行ってください．あるいは，自分より練習ペースの遅い人たちとトレーニングをしましょう．また，動きの遅い子どもと一緒にランニングや自転車こぎをやってもよいでしょう．軽いトレーニングをすることが難しいようであれば，丸1日休んでしまうか，軽いウォーキングだけにしましょう．どのぐらいのリカバリーが必要になるのかは，年齢，スポーツ歴，実施しているトレーニングなどによって異なります．主にトレーニングを週末に行うアスリートは，プロのアスリートよりリカバリーが必要となります．そして，プロアスリートのリカバリーはパッシブ・レスト（完全に休息する）よりアクティブ・レストのほうがよいと言われています．生理学者のステファン・セイラーは，次のように言っています．

第6章 アクティブ・リカバリー

　普段からトレーニング回数が多いアスリートほど，完全な休息の必要性を感じていないようです。それは，高頻度のトレーニングによって，ホルモン分泌や生体のリズムが構築されているアスリートの場合，完全な休息をとると短期間でそのリズムが崩れてしまうことがあるためです。つまり，週に13回トレーニングを行っているアスリートにとって，完全に1日休んでしまうと，その後のトレーニングを気持ちよくできないように感じることがあるようです。だからといって，エリートアスリートには完全な休息の日が必要ないという意味ではありません。しかし，エリートアスリートは，大会直前に1日完全に休むことはしないでしょう。一方，レクリエーショナル・アスリートは，週末に通常のトレーニング以上のきついトレーニングをした場合は，疲労が著しいため，翌日の月曜日を完全な休息日とする必要があります。

　トライアスリートのコーチであるマット・ディクソンのトレーニングプロトコルには，アクティブ・リカバリーはもちろん，休息も組み込まれています。アクティブ・リカバリーは，40分以下の短いセッションであれば，代謝系および免疫系の機能にストレスをかけずにすむため，長時間行わず，回数を多くして行います。
　コーチのピーター・マギルは，アクティブ・リカバリーについて，以下のように述べています。

　　アクティブ・リカバリーは，20〜40分の範囲で，通常より軽い強度で行います。普通のストライドで，ピッチはあまり遅くならないように，楽に走ります。そうすることで血液循環が高まり，酸素をたくさん含んだ血液が筋繊維に流れ，各細胞へ供給されます。さらに，乳酸の分解やカルシウムの再吸収により筋肉が収縮しやすくなります。多くの人はこれをおろそかにしてしまいます。コーチの多くは，運動の12時間以内にリカバリーランをしなければ，激しいインタバ

ールセットが完結できていないと思っています。午前中に激しい運動をしたら，リカバリーランは午後にしましょう。また，夕方に激しい運動をしたら，リカバリーランは次の日の朝にしましょう。

エリートランナーのネイト・ジェンキンズは，アクティブ・リカバリーの効果を自分自身で見出しました。彼は1セッションで週に100マイルを走っていました。その際，1日に2回走ると週に160マイルまでランニング量を増やすことができました。ただし，この2回目のセッションでは，1マイル6〜7分で走るいつものペースよりもはるかに遅い，1マイル8〜9分のペースで8マイルを走るようにしました。彼は当時を振り返り，「しばらくしてから，2回目の走りを普通のトレーニング・ペースにしてしまった。その結果，早く疲れて，結局，週に100マイルしか走れなくなり，調子も十分ではなくなった。そのため，再び8マイルのペースを落としたランにもどした」と言っています。

ジェンキンズには，完全な休息ではなく，トレーニングのペースを落としたアクティブ・リカバリーが効果的でした。完全に休むと，神経筋系が休息しすぎて，筋が固くなってしまうという人もいます。ヨガや体幹運動，水泳などを選ぶことで，身体を動かしながら過度な負担をかけずにすみます。調子が上がらないときはプールに入るオリンピック選手もいます。

どの方法を用いるか

ウルトラランナーのアネット・ベドノスキーも，「泳いだ後にストレッチングをし，その後に温水浴に入ることは素晴らしいトレーニングになる」と水泳の効果について述べています。

アクティブ・リカバリーとして自分が行っているスポーツと違うスポーツを行うことは，トレーニングとしての強度の範囲が広くなるばかりでなく，使用する筋も多くなります。また，普段1種類のスポーツだけを行っているアス

リートにとっては，気分転換にもなります。一方，ランニングコーチのマギールは，アクティブ・リカバリーにランニングをすすめています。

> アクティブ・リカバリーに何を行うかは，その人が何を目標にしているかによります。もしよいランナーになりたいのであれば，クロストレーニングはすすめられません。活動的で，適応力を保つのが目標であれば，クロストレーニングを実施するとよいでしょう。激しいトレーニングで走った後に，リカバリーとして軽く自転車に乗ると，違う筋肉を使用することになります。もちろん共通点はありますが，自転車に乗ることが，よいランナーになるためのトレーニングにはなりません。エクササイズはそれぞれが特徴的なため，ランニングとは異なった筋肉が使われてしまうことになります。

　長い距離を走ることのできるバランスのいいランナーであれば，アクティブ・リカバリーのための運動としてランニングはよいかもしれません。ランニングは，身体のリカバリーのために効率よく貢献できるでしょう。しかし，ランニング中にケガや精神的・身体的ストレスを感じた経験があれば，アクティブ・リカバリーを違う種類の運動に代えたほうがよいかもしれません。いずれの運動を行うとしても，40分以内にとどめるべきです。そうしないとアクティブ・リカバリーではなく，持久的運動になってしまいます。以下に，いくつかの選択肢を示します。

　水泳は，特に確かな技術をもっていればリラックスをすることができ，さらに身体に重力に対する作用（浮力による荷重軽減）が働きます。水圧が筋を支えてくれ，浮腫が取り除かれることでリカバリーが促進します。もちろん，水泳は衝撃がほとんどなく，全身運動になります。また，両脚を休ませたければ，プルブイを使って両脚を水面に浮かべた姿勢のまま，腕と体幹だけで泳ぐことができます。水泳選手であれば，1週間のトレーニング中に短いリカバリー運動を含めてください。

　サイクリングも衝撃の少ないスポーツです。屋外でのサイクリングは，アク

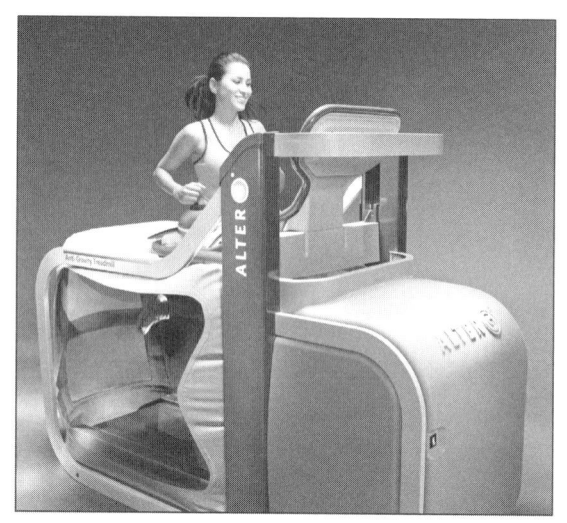

図6.1　AlterG トレッドミル

ティブ・リカバリーの時間としてだけではなく，自転車専用道などで景色を見ながら行うことができます。屋内での自転車では，強度を完全に制御することができます。バイク・トレーナーを利用することで，家族の近くで，テレビや映画を見ながら，精神的な休息の時間を得ることもできます。忙しい人にはよい選択肢です。室内でグループで行われるサイクリング・プログラムに参加する際は注意が必要です。グループで行うと，どうしても最大努力で力を発揮してしまい，リカバリーにならなくなる場合があります。自転車選手は，とても軽いリカバリーを1週間に1回以上はするべきです。

　「エリプティカル・トレーナー（ペダルを踏むと足が楕円形を描くようにつくられている運動器具）」は，衝撃を受けることなくランニングと同様の動きができるため，ランナーにとってよいアクティブ・リカバリーの方法です。マルチスポーツのアスリートは，軽い水泳か自転車を選択すると，競技動作に近いアクティブ・リカバリーになるでしょう。エリプティカル・トレーナーは，上半身も動かすことができます。ほかにも，水上でのボート漕ぎやローイング・マシンを使用すれば，下半身を休ませて上半身のアクティブ・リカバリーを行うことができます。

ウッドチップを敷き詰めた走路のような表面が柔らかい道で楽に走れば，同じ動きであっても衝撃が少なく走れます。水中ランニングも同様です。通常は，浅い水中で接地して行いますが，深い水中では浮きベルトを着用して行います。水中ランニングは優れた運動です。ほかの選択肢としては，ランナーの体重を80%まで減少させることができるAlterGトレッドミルで走ることもあげられます（**図6.1**を参照）。

> **クイックヒント…………**
> ▶ アクティブ・リカバリーは適切なクールダウンと20〜40分の単独のセッションからなっています。
> ▶ アクティブ・リカバリーの強度は，軽く汗をかく程度で十分です。
> ▶ トレーニングに非常に軽い運動の日を含めると，トレーニングの単調さが軽減し，激しい運動のときに最大努力の運動ができます。

AlterGは，非常に独創的な装置で，下肢が疲労しているときに，リカバリーツールとして使います。コンプレッション・ショーツを着用するので，大腿四頭筋やハムストリングスをウォームアップすることができます。そして体重（荷重）が減らされることによって，通常のトレッドミルや地上で走るよりも負荷がかからず，衝撃も少なくなります。

ただし，このAlterGは非常に高価なため，すべてのアスリートが使用できるわけではありません。特別な機器や器具がない場合でも，通常のウォーキングがとてもいいリカバリーのための運動になります。ウォーキングは，親しい人や愛犬と一緒に行えるので，充実した時間を過ごすこともできます。

いずれの方法を選んでも，激しい運動の間に軽い運動を行うことは，生理学的にも心理学的にも役に立ちます。身体に余計に大きい負担をかけずに，十分な血液が流れるように軽く身体を動かすことで，より早く身体的なリカバリーができます。そして自分が普段行っている活動から休息をとり，中程度以上の強度の運動から離れ，軽い運動や普段と違うスポーツを選ぶことで，精神的なリカバリーが図れるのです。

参考・引用文献

Baldari, C., M. Videira, F. Madeira, J. Sergio, and L. Guidetti. 2005. "Blood Lactate Removal During Recovery at Various Intensities Below the Individual Anaerobic Threshold in Triathletes." *Journal of Sports Medicine and Physical Fitness* 45: 460-466.

Neric, F. B., W. C. Beam, L. E. Brown, and L. D. Wiersma. 2009. "Comparison of Swim Recovery and Muscle Stimulation on Lactate Removal after Sprint Swimming." *Journal of Strength and Conditioning Research* 23: 2560-2567.

Stacey, D. L., M. J. Gibala, K. A. Martin Ginis, and B. W. Timmons. 2010. "Effects of Recovery Method on Performance, Immune Changes, and Psychological Outcomes." *Journal of Orthopaedic and Sports Physical Therapy* 40: 656-665.

Wigernaes, I., A. T. H.stmark, P. Kierulf, and S. B. Str.mme. 2000. "Active Recovery Reduces the Decrease in Circulating White Blood Cells After Exercise." *International Journal of Sports Medicine* 21: 608-612.

7 ストレスの解消

仕事が本当に忙しい時期は，どんな理由があっても，身体のバランスを取りもどすための休息時間はとれません。さらにトレーニングによって蓄積した疲労も加わると，とても大変なことになります。これまでに，大事なレースの前にタイミング悪く，調子を崩したり，大きな大会の前に事故に遭いやすくなっていませんか。このようなことがあると，しばしば不運と考えてしまいますが，本当は，身体が休息を必要としていることを教えてくれているのです。

私は「アイアンマン クール・ド・アレン 2009」のためのトレーニングをしている間，執筆と編集の仕事を減らし，トレーニングが仕事だと言っていました。それでも，トレーニング期間中はかなりハードで，精神的にかなりの疲労がありました。ピザ以外の食べ物が思い浮かばず，わが家ではピザをたくさん食べることになってしまいました。ある日，十分休憩ができたと感じたので，家族にピザ以外のものを食べさせようと思って料理をすることにしました。そのとき，アボカドの種を肉切り包丁で取ろうとして，誤って手を切り救急病

著者の評価 — ストレスの解消

時間	■■
コスト	■■
簡便性	■■■■
信頼性	■■■■■

禁忌: なし

院に行くことになってしまいました。手を何針も縫って，結果的に1週間以上手を水に入れることができませんでした。手を切ってから2日後，副子を付けたままセンチュリーライド（100マイルの自転車レース）を完走しました。その次の週末，早めに抜糸してもらってから，ハーフアイアン-ディスタンス・トライアスロンに参加しました。自分のトレーニングのピークのときでしたが，自分の生活のさまざまなストレスの原因のために，みじめな結果に終わりました。

2010年，同じレースのトレーニングのピークを迎えた週末，私のヨガの教え子が，痛みを感じている足をお風呂につけようとした際に転んでしまいました。転んだとき，眉のところを蛇口に強くぶつけて，針で縫うことになってしまいました。これもやはり偶然ではなく，トレーニングによる疲れと若干の不運によるものでした。

2～3日でも日常生活のストレスから解放されると，自分のパフォーマンスを向上させるために大きな効果があります。エリートランナーのネイト・ジェンキンスが，常に忙しく，多くのストレスがたまっているランニングパートナーの話しを聞かせてくれました。このランナーは，奥さんが出産を控えていて，家を買うためにフルタイムの仕事をし，週に120マイルを走っていました。しかし，ジェンキンスは，「彼は練習中はよく走れていなかった。4日間で2つのレースに参加するためにアイルランドに行ったとき，最初のレースで，彼はチームのなかで一番遅かった。最初のレース後の3日間は，ツーリングをしながら，食べたり，飲んだり，パーティーをして，まったく寝ずにいた。2つ目のレースでは，彼はチームのなかで最も早くゴールした。そのレースの準備はできていなかったが，家にいるよりもストレスが少なくて楽だったのだろう」と言っています。

身体的および精神的なストレスに対応することによって，トレーニングをうまく調整でき，より安全に，よりバランスよく実施することができるようになります。そしてまわりの人とより楽しく過ごすことができるようにもなります。本章では，ストレスについてみていきます。

第7章　ストレスの解消

身体的および精神的ストレス

　第1章でみたように，ハンズ・セリエは，ストレスを「ユーストレス（正のストレス）」と「ディストレス（負のストレス）」の2つに分類しました。身体的には，適応を促すために正のストレスが必要です。精神的には，ベストを尽くすために正のストレスに対処することが必要です（締め切りに追われて学期末レポートを書くストレスや講演をしたり大事なレースを走るときのストレスを考えてみましょう）。しかし，ストレスに適応できなくなったり，リカバリーできなくなったりすると，負のストレスになって身体にさらなる負担となります。最終的に，身体的なストレスと精神的なストレスが区別できなくなり，すべてが同じように処理されて，コルチゾールとアドレナリンのレベルが高まり，心拍数，血圧が上昇し，筋肉の緊張が高まります。そして胃の不調，頭痛，睡眠障害など多くの問題が起こるようになります。

　アスリートは，身体的なストレスには慣れており，それを積極的に求めさえします。本書は，自分の身体的なストレスと休息およびリカバリーのバランスに注意を向けられるようになることを目的としています。しかし，リカバリーは身体的なストレスとは別のストレスによって影響を受けることもあるため，そのことについても説明します。

　すべてのストレスが悪いわけではありません。スポーツ心理学者のジャック・ラグリンは，「多くの人は，競争や試合に対する不安が，アスリートが受ける最大のストレスだと思っている。しかし，われわれの研究では，アスリートの30〜45％は，ベストを尽くすために不安などのストレスが必要だった。リラクゼーションは，ベストを尽くすためには逆効果の可能性もある」と言っています。ただし，レースのことを考え込んでしまうあまり，レース以外の身体的ストレスをより感じてしまうこともあるので注意も必要です。しかし，競技会などのイベントの2〜3日前までにある程度不安を感じることは当然で，それがよいパフォーマンスを発揮する助けになる場合もあります。

ストレスの原因に注意する

　精神的なストレスは，スポーツに関することだけでなく，日常生活のほかの事柄からも発生します。アスリートは，疼痛に対する不安や恐怖，トレーニングに十分時間が取れるかどうか，試合に向って準備が整っているかどうかなど，レース前の精神的なストレスやトレーニングに伴うストレスには慣れています。しかし，トレーニング以外のストレスの原因が，リカバリーやトレーニングにどの程度影響を与えているのかがわかりません。

　これらのストレスの原因は，蓄積して影響を与えるため，トレーニングやリカバリーの計画を立てるときに注意しなくてはなりません。仕事などでの締め切りや大きな目標があると，それはストレスとなり，トレーニングに直接的，間接的に影響を及ぼします。直接的な影響としては，トレーニングに対する意欲を減少させることや，ストレス解消のために休息の時間が必要となることがあげられます。間接的な影響としては，睡眠時間が減ったり，机に向っている時間が長くなることで，股関節の屈筋群や胸部，肩，首が緊張し，トレーニング時のフォームを変えてしまうことがあげられます。また，引っ越しをすると精神的なストレスだけでなく，荷づくりや重いものを運んだり，箱から物を取り出すために身体を折り曲げたりと，引っ越し作業による身体的なストレスもあります。これらのさまざまに積み重なったストレスの原因と，それらへの対処の仕方に注意をしましょう。

　自分のストレスに対する対処の仕方についての意識を高めると，自分自身の行動パターンがより理解できるようになり，リカバリーにも影響を及ぼすようになります。例えば，自分自身ではコントロールできないことに不安を感じると，コントロールできる事柄に向かうようになってしまいます。これは，多くのアスリートにとっては，トレーニング量を増やすということを意味します。トレーニングのときに目標としているペースに届かなかったとします。それによって自分の体力の状態が不安になり，次の日に同じトレーニングを繰り返すことによってコントロールできると思ってしまいがちです。しかし，そんなことはありません。このような場合こそ，まさにトレーニングを減らし

第7章　ストレスの解消

てリカバリーを増やす必要があるのです。

バランスを見つける

　トレーニング，家庭生活，そして仕事のバランスを探りましょう。トレーニングサイクルや季節によって，優先順位が変わります。冬休みには家族に集中しなくてはいけないかもしれません。職業によっては，年度末や学期末，重要なプロジェクトの締め切りなど，周期的な仕事があります。そしてスポーツのシーズンになると，複数の大会がカレンダーの1ヵ所に集中するでしょう。

　仕事や日常の行事，そしてトレーニングのバランスをとり，ストレス解消に向けて努力するためには，すべての行事をカレンダーに書き出し，綿密に計画を立てることが非常に有効です（図7.1）。年間のトレーニング計画を立てるのと同じように，念入りにこの計画を立てましょう。この1年に子どもの大学進学のために引っ越しの手伝いをする予定はあるか，パートナーの仕事が忙しくて特にストレスになる時期があるかなど，すべて記入しましょう。出張や家族旅行の予定があれば，それもリストに書きましょう。紙と色鉛筆を利用してもいいし，表計算ソフトやカレンダーのアプリケーションを使用しても構いません。やり方は何でもいいのです。大事なポイントは，全体像を見ることなのです。

　スポーツ心理学者のケート・ヘイズの患者さんは，仕事のストレスとレースの記録の関係をグラフに書き出してみました。その結果，仕事でストレスの高い時期と，レースの記録の関係がよくわかりました。そのため，トライアスロンからデュアスロンに焦点を合わせたり，忙しさが周期的にならない仕事に転職をしました。

図7.1　全体像を見るためにすべての事柄を綿密に計画しましょう

スケジュールを細かくつけることで，転職したり，スポーツ種目を変えるような劇的な変化は見られないかもしれませんが，ストレスのバランスがとれるポイントがわかるようになります。コーチのゴードン・バーンは，「トレーニングの負荷を高める必要があるときは，仕事のストレスを減らす必要があり，そのためには家族の協力も必要である。だから，アスリートとしての生活を保つためにも，普段から仕事や家族への責任を果たしておかなければならない」とアドバイスしています。

　家庭での日常生活のなかでストレスを減らす時間をつくる必要があるかもしれません。家族と過ごす時間にリラックスできるなら，それは素晴らしいことです。しかし，家族との時間がストレスの原因となるようであれば，注意が必要です。単にあるストレスをほかのストレスと入れ替えることが目標ではありません。自分の生活にストレスと休息，仕事とリカバリーのサイクルをつくる機会となります。週末には仕事を休むのと同じように，ときにはトレーニングや自分のキャリア，人間関係のストレスから解き放たれるべきです。

ストレスの管理

「ノー」と言おう

　自分の生活におけるストレスの全体像が見えるようになると，ストレスを解消するための方法が考えられるようになります。最も大切なことは，「ノー」と言うことを学ぶことです。多くの人は，いろいろなことにかかわっていて，1日に何十件ものやらなくてはならないことがあります。職場の委員会などへの誘い，子どもの学校でのボランティアの依頼，サイクリングへの誘いなどは，断りにくいものです。しかし，自分が疲れきってしまい，ほかの責任も果たせなくなる前に，「ノー」と言う必要があります。

　もちろん，すべてを断るべきだとは言っていません。逆に，すべてを断ってしまうと，トレーニングに集中しすぎてしまう恐れがあります。それよりむしろ，優先順位をつけましょう。最も重要なものを選んでもいいですし，最も自分が楽しめることや自分の才能や経験が活かせるものを選んでもいいでしょ

う。かかわらなければならないことが多すぎると，まわりの人にしてあげられることの内容が希薄になってしまいます。自分が十分に休息できていないと，与えられたことに完全に集中できず，次にやらなくてはならないことを考えてしまうのです。

目標をチェックしよう

　よい年間トレーニング計画を立てるには，目標を決めることからはじめます。ストレスを感じたら，その決めた目標にもどってみましょう。目標は，道理にかなっていて，達成可能であり，さらに定量化できることが理想的です（目標は具体的で specific, 測定可能で measurable, 達成可能で attainable, 現実的で realistic, 時間依存性で time-dependent あるべきことから，これらの頭文字をとって SMART と表現されます）。仕事にも人間関係にも目標はありますが，普段，それらを言葉に表わしてはいません。仕事上の販売促進や売り上げ高を目標にしているかもしれません。または，自分の会社をつくりたいとか，結婚したい，子どもが欲しい，などと思っているかもしれません。これらの目標は，それぞれストレスの原因になります。有益なストレスもあるかもしれませんが，多くのストレスは役に立ちません。不安になったり，圧倒されるような感覚に陥ったら，1回立ち止まって，自分の目標を見直しましょう。いまかかわっていることが，自分の目標達成のために役立つのか，もしそうでなければ，どのように変えればいいのかを考えることで，自分の目標を見直すことができます。目標は不変なものではありません。

　自分の目標が明確になると，すべての決定が楽に行えるようになります。自分の選択が目標に合っているかどうかを自分自身に問いかければいいのです。何かを決めるのが難しいと感じたら，目標をもう一度見直してみましょう。もしかして，変更する必要があるかもしれません。

前もって考えよう

　自分の目標を調整し直して，注目すべきところに優先順位をつけると，近い将来，目標を達成するために，いまのうちに簡単にできることがわかる場合が

あります。例えば，心理学者ジェフ・ブラウンは，毎年4月の第3週に行われるボストンマラソンに参加するランナーに対して，税金を早めに納めるようにすすめています。そうすればボストンに行く前にリラックスしてマラソンに集中できるからです。ブラウンは，特にアスリートが目標にしている試合などで遠征をする場合，タイミングが重要だと言います。つまり，マラソンの直後に，結婚など大きな計画を立てることは，ストレスの原因となり，パフォーマンスに影響を与える可能性があります。また，遠征が必要な大事な試合の前後に旅行の計画を立てることも避けるようにしましょう。どちらも行おうとすると，遠征，パフォーマンス，観光など，考えることが多くなり，ストレスになります。何を優先するかを決めて，それに集中することが重要です。やることを広げすぎるとリカバリーの妨げにしかなりませんし，最悪の場合は体調を崩す原因にもなります。

分類しよう

　大きなレースの前には，レースプランを詳細に書き出しましょう。レースプランを書き出すことで，準備しなければならないことや栄養について，またペース配分などを前もって考えることができます。また，控えめな目標であるか，実現不可能な目標であるかなど，レースの目標を明確にすることができ，トレーニングやレース当日の状況における自分の能力を検討する機会にもなります。

　レースプランの最後には，レースに対する恐れや不安などを記入します。それらを「自分でコントロールできる」または「自分ではコントロールできない」に分け，恐れていたことや不安に思っていたことが起こった場合にどう対処するか，計画を立てます。恐れや不安としては，自転車のパンクや足にマメができること，妨害行為など，すべてのものが含まれます。恐れていることを書き出して，それに対処する方法を考えるだけでも，自信がつき，ストレスの解消になります。

　このリストづくりは，レースプランにしか使えないわけではなく，自分の日常生活全般に使えます。何を不安に思っているのかをはっきりさせ，書き出し

てみます。紙に書くとそれほど不安に感じなくなりますし，不安に感じていることがばかばかしく思えることさえあります。そして「コントロールできる」と「コントロールできない」とに分類し，不安に思っていることが起こったときの対処の仕方の計画を立てましょう。この作業をするだけで，何に対しても対処できるように感じます。結局，どんな大変な状況であっても1つだけ必ずコントロールできるのは自分の態度なのです。

リラックスしよう

　本書の第16章と第17章で説明するヨガのポーズや瞑想と呼吸を意識したエクササイズを行うことで，リラックスでき，トレーニングによるストレスからのリカバリーに役立ちます。また，渋滞によるストレス，大事な会議のストレスやレースのストレスなど，実生活でのストレスに対処するための手段にもなります。ストレスを受けるような状況では，深呼吸をし，できるだけリラックスして，最低限必要なエネルギーだけを使うようにしましょう。渋滞のときは顎の力を抜いて，会議では手の力を抜いて，そしてレースのときにはすべての力を抜きましょう。

助けを求めましょう

　カウンセラーと何回か相談をすると，ストレスをうまく操る技術が学べ，自分の目標を秩序立って考えるのに大きな助けになります。スポーツ心理学者はこれを手伝ってくれます。スポーツ心理学者のもとへ通うと，一般的な医師のところへ行くよりも，悩みをやさしく聞いてくれます。そして，競技会や人生のための精神的な支えとなるものを教えてくれるのです。

　心理療法士のマービン・ザウダラーは，「アスリートと目標を決めるとき，選手として成し遂げたいことだけを考

> **クイックヒント**
> - 自分の1年間を見て，トレーニング，仕事，家族との生活などストレスの多い時間を記録しましょう。
> - ストレスの原因を減らすために，あまりにも自分を疲れさせるような事柄は断ることを学びましょう。
> - 自分の目標を明確にして，しばしば見直すようにしましょう。

えるのではなく，仕事のことも計画の一部として考えるべきである。仕事とトレーニングの双方をバランスよく両立させることが，結果的にゴールにたどり着く助けとなる」と言っています。

8 睡　眠

　私がコーチをしているタラは，6時間の睡眠がとれない場合には，次の日は走らないという，厳しい決まりを設けています。疲れた状態で走ることは百害あって一利なしです。十分な睡眠がとれないときには走らないという決まりは，素晴らしい考えです。なぜならば，多くの人は，睡眠不足のままで頑張りすぎてしまうからです。

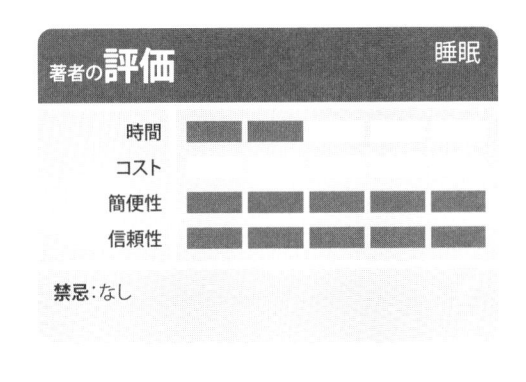

著者の評価　睡眠

- 時間
- コスト
- 簡便性
- 信頼性

禁忌：なし

　睡眠はリカバリーに関係するだけではなく，トレーニングにおける自分のパフォーマンス発揮にも影響があります。睡眠時間を十分にとらないと，運動の反応が鈍くなり，フォームが崩れ，効率の悪い神経と筋の連携パターンが定着してしまいます。スタンフォード大学で行った研究（Mah 2008）では，十分に睡眠をとったアスリートのスプリント能力が改善し，反応時間が早くなり，気分がよくなったことが明らかになっています。このことは，実際のアスリートの例からも証明されています。不眠症歴のあるエリートランナーのテラ・ムーディーは，リカバリーにとって睡眠が重要であることに気がついた1人です。彼女は，「9時間寝たときは，まるでスーパーウーマンのように感じ，

トレーニングが素晴らしく思え，逆によく眠れないときは疲労が残り，余分なリカバリーの日をとる必要があるため，あらゆることが大変だった」と言っています。

睡眠の大切さは，アスリートにとってはほかの意味合いもあります。カリン・スピーガルら（1999）は，1週間の睡眠不足によって，グルコースの取り込みとコルチゾール・レベル（交感神経系に関与）に悪い影響が出ることを明らかにしました。グルコースの取り込みが抑制されると，トレーニングの前後やトレーニングの最中に筋肉にエネルギーを補給することができにくくなります。アスリートにおけるリカバリーと睡眠の効果については，まだ，科学的に明らかにされていません（Samuels 2009 参照）が，アスリートやコーチ，生理学者たちはみな，睡眠が重要であることは認めています。したがって，自分の睡眠習慣に注意を払い，最も理想的な睡眠時間を決めることが必要です。

また，睡眠障害は，オーバートレーニングを強く示唆することがあるため，自分の睡眠習慣には目を光らせておく必要があります。寝ていた時間数だけではなく，睡眠の質や，昼間どのような体調不良やパフォーマンスの低下が起きたかなども記録するようにしましょう。睡眠の状態が悪化していると思ったら，睡眠不足を解消するための時間を確保しましょう。ゆっくり寝るために1〜2回トレーニングを休む必要があれば休んだほうがいいでしょう。

睡眠中に何が起こっているのか

睡眠中は，4つの段階を進んでいます。3つの非急速眼球運動（ノンレム睡眠）の段階と1つの急速眼球運動（レム睡眠）の段階です（図8.1）。

ノンレム1の段階は，浅い睡眠であり，筋肉が弛緩し，眼球運動が遅くなります。眠りに落ちたり覚めたりする期間です。ノンレム2の段階で，目が動かなくなり，脳波がゆっくりになります。ノンレム3の段階で，深い眠りについて，デルタ波と呼ばれる非常にゆっくり動く脳波が見られます。このとき，身体の内分泌系がホルモンを分泌します。トレーニングに適応するために非常に重要な働きをする成長ホルモンも分泌されます。レム睡眠は4つ目の段階

図8.1 睡眠の段階

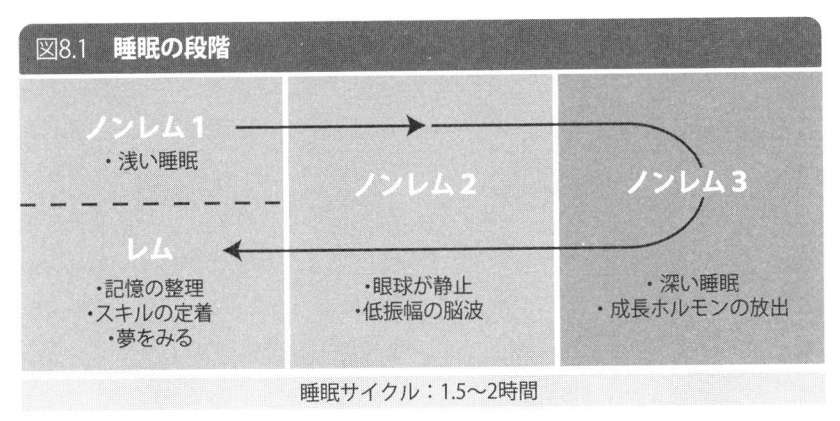

ノンレム1
・浅い睡眠

ノンレム2
・眼球が静止
・低振幅の脳波

ノンレム3
・深い睡眠
・成長ホルモンの放出

レム
・記憶の整理
・スキルの定着
・夢をみる

睡眠サイクル：1.5〜2時間

注：図は睡眠の1サイクルを示す。このサイクルは夜の間続く。

で，睡眠のサイクルがはじまって70〜90分までの間に見られます。この段階では，記憶の整理が起こり，スキルを深く定着させます。これはアスリートのパフォーマンスを向上させるためにとても重要です。この睡眠の1サイクルは90〜120分間で，それからノンレム2，ノンレム3，レム睡眠を繰り返します。夜が更けるとノンレム3が減り，レム睡眠が増えてきます。十分に機能し，しっかりとリカバリーするためには，すべての睡眠のタイプを適正にとる必要があります。

睡眠時間はどれくらいとればよいか

ベッドに入ってから約20分で眠りについていることが理想的です。より早くからウトウトとしてしまうのは，睡眠不足のサインかもしれません。その後，理想的には，熟睡して自然と起きるまで寝ます。これを「スレプトアウト」と呼んでいます。多くの人のスレプトアウトは8時間ちょっとくらいで，目覚まし時計なしで起きることができます。毎晩十分な睡眠時間をとれなければ睡眠不足となり，最終的には，身体が睡眠を要求してきます。十分な睡眠をとることは，リカバリーにおける大事なポイントです。

トレーニングのきつい時期には，仕事や家族に対してやらなくてはならな

いことと,トレーニングのバランスをとるために,睡眠時間を余分にとっておきましょう。トレーニングがきついときには,仕事の量を減らし,家族があなたの睡眠時間がもっと必要だと理解してくれてることが理想的です。ランナーは,週に60マイル走っていれば毎日60分余分に睡眠をとるべきだと言われています。これを守ることができれば,どのくらい睡眠をとればいいかがわかります。週に10時間のトレーニングをしていれば,リカバリーのために毎日1時間多く睡眠をとる必要があります。同じように週15時間トレーニングをしていれば1時間30分多く,20時間のトレーニングであれば2時間多く睡眠をとればいいのです。こんなに睡眠時間を増やすことは現実的ではないかもしれませんが,睡眠時間の大切さを認識しましょう。

昼寝をする

　私のコーチであるジョーン・ネスビット・マーヴは,1996年のオリンピックで10,000 mを走りました。彼女は,長い間,毎日昼寝をする習慣がありました。彼女がエリートランナーであったとき,「睡眠を計画的にとることで,7日の間に12日分の練習をすることができた。すべてのトレーニングよりも,夜の十分な睡眠はもちろん,午後に昼寝をすることを優先した。寝ることは,決して気を抜いているのではなく,かえって賢いことだと思う。パフォーマンスを向上させるための薬物などを使わずに,リカバリー時間を早める方法を見つけることができた」と言っています。

　昼寝の時間は,どのくらいの時間があるのか,そしてどのくらいの睡眠不足であるかによって違ってきます。短い昼寝,例えば,20分間の昼寝であれば,ノンレム2までの睡眠ができます。1時間30分以上の昼寝では,レム睡眠まで眠れます。その中間の45分程度の昼寝だと,起きたときに寝る前以上に眠くなっていることがあります。前もって横になる時間を計画しましょう。昼寝をする習慣がつくと,自分に最も適切な時間がわかるようになります。その人のサーカディアンリズム(約24時間周期のリズム)によりますが,昼下がりが昼寝に最も適した時間かもしれません。昼寝の時間が長くなって,夜眠れな

第 8 章 睡　眠

ZEO パーソナルスリープコーチ

2010 年のツール・ド・フランスで，生理学者のアレン・リムは，自分のチームの選手のリカバリーのために，十分質の高い睡眠がとれるように Zeo マシンを使いました（選手たちはこのマシンを「脳のためのパワーメーター」と呼んでいました）。このマシンには，脳波を計測するためのヘッドバンドモニターがあり，これで睡眠サイクルを追跡します。ユーザーがオンラインで，毎日の習慣に関する質問に答え，その習慣がどのように睡眠パターンに反映しているかを見ることができます（図 8-2 参照）。毎晩どのくらいレム睡眠があり，深い眠りができているのかに興味があれば，このマシンの窓に表示されます。マスターアスリートランナーのトッド・ストラカが睡眠が十分にとれていないとわかって，このマシンを試してみました。彼は「Zeo の好きなところは自分の代わりに考えてくれるところだ」と言っています。このマシンは，具体的にどのようにすれば睡眠の質が改善できるかを示してくれます。このマシンは 100 ドル前後と安くはありません。細かいフィードバックを受けるにはさらに費用がかかります。また，ヘッドバンドをつけたまま寝なくてはなりません。しかし Zeo は第 4 章で述べたいろいろな方法と同じように，自分の習慣に気づくことで，心の動きや身体を調整できます。使用しているうちに，自分の直観が信じられるようになり，このマシンのフィードバックの必要がなくなります。

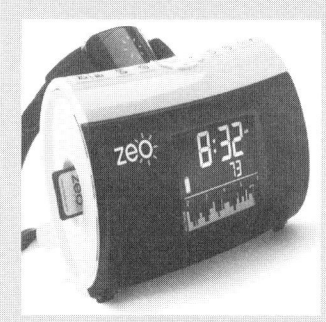

図 8.2　脳波の測定と睡眠のサイクルを追跡するのに使用される Zeo マシン

くならないように注意しましょう。

遠征はどのように睡眠に影響を与えるか

　遠征，特に日付変更線を越える遠征は，睡眠の習慣に影響を与えます。環境が変わるだけで，眼がさめてしまったり，睡眠障害が起こる場合もあります。体内時計と行き先の時間とが合わないと，さらに睡眠に影響があります。睡眠のために落ち着いた環境をつくって，特に重要なレースのための遠征までに，

できるだけ休息をとるようにしましょう。

　日付変更線を越えると，身体が時差に慣れるのに1日が必要です。レースのためにアメリカの東海岸から西海岸までの遠征をする場合，あるいは西海岸からハワイまで遠征をする場合は，レースの3日前には到着するように計画を立てましょう。西へ遠征をするときは，普段より早起きしなくてもよいため比較的楽です。逆に東へ遠征するのは，普段より早く起きなくてはならないため大変です。そのようなときは，ブラインドをあけて太陽にあたることで，体内時計をリセットするようにしましょう。

質のよい睡眠をとるために

　決まった習慣が守られれば，睡眠時間をより規則正しくとることができるようになります。毎晩同じ時間に寝るようにして，毎朝同じ時間に起きるようにしましょう。週末も同じようにしましょう。寝室は静かに，涼しく，暗くして，読書をしたりテレビを見るための書斎としではなく，睡眠をとるためだけの部屋にしたほうがよいでしょう。

　睡眠の数時間前に行っていたことが，リラックスしたりゆっくりと眠れることに関係してきます。もし夕方や夜に運動をするときは，なるべく寝る時間との間をあけるようにしましょう。そうしないと，運動によって体温が上がり，興奮状態になってしまい，すみやかに寝つくことができません。また，昼食後のカフェインは避けましょう。カフェインの影響は何時間も残ります。アルコールを飲むと落ち着いて眠くなるかもしれませんが，睡眠の質にはよい影響を与えない可能性があります。

　寝る前にリラックスでき，緊張をほぐす儀式を考えるとよいでしょう。寝る30分前にハーブティー（カモミールは催眠剤と考えられ，従来から用いられています）を楽しんだり，温かいお風呂に入ったり（エプソム塩を入れて；第12章参照），いくつかのヨガのポーズをとったり（第16章参照），自分自身の呼吸に集中して瞑想（第17章参照）をしましょう。実際に何をするかよりも，やっていることを儀式とすることが重要です。そのうちに，この儀式が就寝と結

びつき，儀式をすることが眠るきっかけになります。

もし睡眠に問題があって，寝るための睡眠補助薬（栄養補助食品として販売されているメラトニンでも）の使用を考えているのであれば，医療従事者やコーチと相談しましょう。自分が飲もうと考えている睡眠補助薬が安全で，世界アンチ・ドーピング機構（WADA）が禁止していないかを確認しましょう。トレーニングによる負荷が大きすぎる可能性もあるため，コーチにも睡眠に問題があることを知らせたほうがよいでしょう。トレーニング計画をちょっと調整することによって，運動と休息とのバランスをとることができます。

日常生活におけるストレスを減らすことでもよく眠れるようになります。ストレス解消に関しては第7章を参照してください。

> **クイックヒント**
> ▶ 睡眠時間を十分に確保することは，アスリートのパフォーマンスにとって重要なことです。
> ▶ 目覚まし時計を使わずに自然に目覚めるまで寝ましょう。9時間以上の睡眠になる場合もあります。
> ▶ 昼寝は夜の睡眠を補って，睡眠不足を解消する助けになります。
> ▶ 夜に儀式があると，落ち着いて寝られるようになります。

参考・引用文献

Lamberg, L. 2005. "Sleep May Be Athletes' Best Performance Booster." *Psychiatric News*, August 19, n.p.

Mah, C. 2008. "Extended Sleep and the Effects on Mood and Athletic Performance in Collegiate Swimmers." Presentation to the annual meeting of Associated Professional Sleep Societies, Baltimore, MD, June 9-12.

Samuels, C. 2009. "Sleep, Recovery, and Performance: The New Frontier in High-Performance Athletics." *Physical Medicine and Rehabilitation Clinics of North America* 20: n.p.

Spiegel, K., R. Leproult, and E. Van Cauter. 1999. "Impact of Sleep Debt on Metabolic and Endocrine Function." *Lancet* 354: 1435-1439.

9 栄養と水分摂取

私が,はじめてマラソンを走った後は,いつものように食事をとることができませんでした。レース後の食事会も中止してもらわざるをえなくなり,丸2日間吐き気が収まらず,好きな食べ物や,冷たいビールも口にできませんでした。しかし,最初の

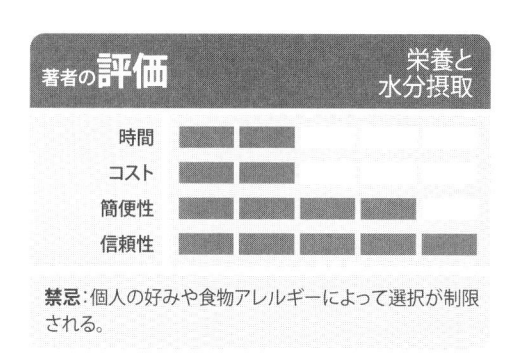

著者の評価 　　　　　　　栄養と水分摂取

時間	■■
コスト	■■
簡便性	■■■■
信頼性	■■■■

禁忌:個人の好みや食物アレルギーによって選択が制限される。

アイアンマンレースのときは,レースが終わった1時間後には,楽しく食べたり,シャンペンを飲んだりしていました。この違いは何によるのでしょうか。それは,レース後のリカバリーのために,競技中の栄養補給の方法を見出したためなのです。経験からわかるかもしれませんが,正しい栄養補給は,レースの成功を左右します。レースが長くなるほど,レース中に栄養補給する方法を考えることが重要になります。しかし,それは難問を解決するための一部でしかありません。次のトレーニングの準備ができるように,リカバリーのための栄養補給の最善の方法を学習する必要があります。

適切なリカバリーのための栄養補給は,運動直後だけでなく,すべての時間に影響してきます。最もリカバリーが効果的な時間帯は,運動後2時間付近に

なります。その時間帯にしっかりと栄養補給ができるように計画することが必要です。しかし，リカバリーはその時間帯だけで行われているのではなく，その日中，翌日にも行われています。

毎日の食事

　リカバリーのための栄養補給の最良の方法は，簡単に言えば，常に正しい食事をとることです。いまでは有名になったマイケル・ポーランの言葉に，健康的な食事とは，「たくさんとり過ぎず，ほとんどを野菜にすること」だとあります。バラエティに富んだ色鮮やかな食物，可能であれば農薬を使わないで地元で育てられた野菜やフルーツをとることによって，必要とされる栄養素のほとんどを摂取することができます。多くのアスリートのキッチンの棚にはバーやゼリー，粉末状の飲み物などの加工食品が並んでいますが，これらは運動の直前や運動中，運動直後などの限られているときだけに使うようにしましょう。しかし，そのような場合でも，自分の体質や運動強度，持続時間によっては，本物の食品を選んだほうがよいでしょう。アスリートが健康的な毎日の食習慣を身につけるために役に立つ本もいろいろ発刊されていますので，参考にしましょう。

　食事には，主要栄養素（炭水化物，タンパク質，脂質）をバランスよく含む

運動後の栄養摂取のタイミング

以下に，長時間（90分以上），あるいは非常にきついトレーニング後の栄養摂取のスケジュールを示します。
　約30分以内：必要とする炭水化物およびナトリウムを摂取するために，リカバリースナックを食べる（本章の表9.2参照）。のどの渇きにしたがって水分補給をする。
　約2時間以内：バランスのとれた食事を楽しむ。のどの渇きにしたがって水分補給をする。
　当日の残りの時間：引き続きのどの渇きにしたがって水分補給をして，さまざまな健康によい食品を食べる。

> **タンパク質と菜食主義者**
>
> 菜食主義者や完全菜食主義者は，タンパク質摂取に対して特別に注意をする必要があります。植物性タンパク質は，動物性タンパク質と同じ量を摂取しても同じ量のタンパク質を体内に吸収することができません。そのため，アメリカ栄養士会は，菜食主義のアスリートは，肉を食べる人たちより10％多くのタンパク質を摂取することを提案しています。おおまかにいうと，1日に体重1kgあたり1.3〜1.8gのタンパク質の摂取が必要です。
>
> 菜食主義のアスリートは，カルシウム，鉄，亜鉛，リボフラビン，ビタミンB_{12}，ビタミンDを十分に摂取するように注意しなければなりません。自分が菜食主義または完全菜食主義的な食事の傾向にあり，トレーニング間のリカバリーに問題があると感じているのであれば，自分の食事を分析し，かつ十分な栄養素を得るためにも，スポーツ栄養士に相談するとよいでしょう。

ようにしましょう。それぞれの栄養素の割合は，その人の体質やスポーツ，活動レベルによって変わります（アドバイスが必要な場合は，スポーツ栄養の専門家と相談してください）。私たちは，しばしば毎日習慣的に単調な食事をとっており，変化があったとしてもたまに外食するくらいでしょう。多くの食材からすべての栄養素を確実にとることにまで考えが及んでいません。第4章では，単調なトレーニングを続けることよる問題点について指摘しましたが，食事についても単調な習慣になることは避けましょう。

　バランスのよい自然食をとることによって，リカバリーのために必要な栄養素を身体に供給することができます。炭水化物からグリコーゲンを補充し，タンパク質から筋繊維を再構築するためのアミノ酸を吸収し，そして細胞を調整するビタミンを身体に運ぶ必要があります。これらのいずれかが不足するだけでも，リカバリーが十分できなくなります。

リカバリースナック

　リカバリースナック（トレーニング後すぐに食べられる食べ物や通常の食事時間以外にとる食べ物）の重要性は，トレーニングの状況によって変わりま

す。中等度の強度のランニングの後2日間，中等度あるいは高強度のトレーニングをしないのであれば，リカバリーのために必要な栄養は，通常の食事から十分に摂取できるでしょう。しかし，午前中に3時間トレーニングをして，同じ日の夜にランニングをする予定があれば，リカバリースナックを食べるだけでなく，食べるタイミングも重要です。同じように，シーズン中の重要な試合や大会が終わった後，トレーニングが決められていない移行期に入るならば，リカバリースナックはあまり意味がないでしょう。しかし，長距離を走ってグリコーゲンの量が減っていれば，すぐにリカバリースナックを食べる必要があり，それが次のトレーニングに必要な栄養となります。

栄養補給は早くはじめる

　栄養補給は，実際にはすでに運動前にすでにはじまっています。まずトレーニングに入る前には，言ってみれば「満タン」の状態であることを確認する必要があります。グリコーゲンが十分貯蔵できていないとしても，トレーニングを完了するために必要なエネルギーは確保しておきたいと思うでしょう。理想的には，トレーニング計画の段階で，高強度の運動を行うためのグリコーゲンや持久的トレーニングのための脂質など，レースで必要なエネルギー源を想定し，それらを摂取するような食事を計画します。栄養が不足した状態でトレーニングをはじめることは，リカバリーの妨げになります。

　さらに，トレーニングが長時間になる場合は，飲料と炭水化物を摂取するようにしてください。そうすれば，大幅な栄養不足に陥らないですみ，リカバリーが妨げられることがなくなります。グリコーゲンの供給が激減すると，レースを放棄しなくてはならないような大きな壁にぶつかることになります。また，グリコーゲンを補充するために数日間を要することもあります。

リカバリースナックを摂取するタイミング

　炭水化物は，運動後30分以内に摂取したほうが，運動の2時間後に摂取するよりもグリコーゲンレベルがより高くなります（Ivyら1988）。このことから，最大の効果を得るためにはリカバリースナックは，運動後早期に摂取する

必要があります。しかし，グリコーゲンの体内への取り込みは，運動後30分で終了してしまうわけではありません。トレーニング後にリカバリースナックがとれるようになるまでに2時間も空いてしまう場合もあります。そのようなときには，午前の運動で消費したグリコーゲンを昼食や午後のおやつ，夕食時に補充するとよいでしょう。ちなみに，グリコーゲンがもっと消費されているような場合は，翌日もグリコーゲンを補充しましょう。30分のルールにこだわる必要はありません。しかし，長時間のトレーニングや高強度のトレーニング後に早急にリカバリーしたいときは，リカバリースナックが役立つことを覚えておきましょう。

リカバリースナックの成分

　リカバリースナックには，水分，ナトリウム，炭水化物，場合によってはタンパク質，多少の脂肪が含まれています。しかし，リカバリースナックに含まれている脂肪は，身体が炭水化物とタンパク質を消化，吸収する妨げになることがあります。以下，個々についてみてみます。

水　分

　リカバリースナックには，運動中に失われた水分を補うために水分が含まれている必要があります。どれくらい水分が失われたかは，運動の前と後で体重を測定することでわかります。運動後は汗が衣類にしみ込むことで，正しい体重が測定できないため，裸で測定することが理想的です。1回1回の運動で体重を測定する必要はありませんが，長時間のトレーニングやきつい運動の前後に測定すれば，どれだけの量の水分が失われているかがわかります。

　運動後は，なるべく早く運動前の体重と同じくらいか，減っても450g以内にまでもどしましょう。アメリカ栄養士会では，運動中に減った体重450gあたり，450〜680gの水分を摂取することを提唱しています。できるだけ多く水分を摂取すると，より早く脱水症状から回復でき，次のトレーニングの準備ができるようになります。後述しますが，のどが渇いたら水分補給をするべきという新しい考え方もあります。

ナトリウム

運動中に汗をかくことで多くの水分が失われるため、血液中のナトリウム濃度が上昇します。しかし、失われたナトリウムは、トレーニング後にナトリウムを摂取することで、運動前のバランスにもどすことができます。ナトリウムは、スポーツドリンクから摂取できますが、多くのスポーツドリンクには十分なナトリウムが含まれていません。リカバリースナックの一部として食卓塩を利用したり、栄養補助食品として塩の錠剤や電解質カプセルを服用することで補充できます。スポーツ栄養学者のボブ・シーボハーは、長時間の運動や高強度のトレーニングの後には500 mgのナトリウムを摂取することを推奨しています。また、栄養学者のモニク・ライアンは、「運動の後に最も重要なのは、炭水化物とナトリウムであり、ナトリウムは小腸を通して水分を吸収するのに役立つ」と説明しています。さらに、細胞へグルコースと水分を吸収させる助けにもなります。したがって、ナトリウムを補充することは重要なのです。**表9.1**に、さまざまな飲料100 gあたりに含まれるナトリウムの量を示しました。

表9.1 飲料100 g中のナトリウム量

飲料	ナトリウム量
スワンソンの野菜スープ	422 mg
スワンソンのチキンスープ	379 mg
V8 ジュース	298 mg
トマト・ジュース	287 mg
ゲータレード・エンデュランス	88 mg
パワーバー・エンデュランス	84 mg
スターバックス・ダーク・チョコレート・モカ・フラプチーノ	70 mg
チョコレートミルク	66 mg
ミルク	55 mg
炭酸水	33 mg
コカ・コーラ	13 mg
ダイエット・コーク	11 mg
ハマーヒード（スポーツドリンク）	9 mg

炭水化物

リカバリースナックには、炭水化物が体重1 kgあたり約1.0～1.5 g、一般的な目標として体重1 kgあたり1.2 gは含まれている必要があります。1 gあたりの炭水化物には4 kcalのエネルギーが含まれています。リカバリースナックで摂取するべき炭水化物の目標範囲を**表9.2**に示しました。

表9.2を見てわかるように、かなりのカロリー量になりますが、90分以上の運動後には必要な量であり、リカバリーに重要だと考えてください。なぜな

第9章 栄養と水分摂取

表 9.2　リカバリースナックのための炭水化物の摂取目標量

体重 (kg)	炭水化物量			カロリー		
	体重1kg あたり1.0g	体重1kg あたり1.2g	体重1kg あたり1.5g	体重1kg あたり炭水化物 1.0g	体重1kg あたり炭水化物 1.2g	体重1kg あたり炭水化物 1.5g
45.5	45.5	54.5	68.2	181.8	218.2	272.7
47.7	47.7	57.3	71.6	190.9	229.1	286.4
50.0	50.0	60.0	75.0	200.0	240.0	300.0
52.3	52.3	62.7	78.4	209.1	250.9	313.6
54.5	54.5	65.5	81.8	218.2	261.8	327.3
56.8	56.8	68.2	85.2	227.3	272.7	340.9
59.1	59.1	70.9	88.6	236.4	283.6	354.5
61.4	61.4	73.6	92	245.5	294.5	368.2
63.6	63.6	76.4	95.5	254.5	305.5	381.8
65.9	65.9	79.1	98.9	263.6	316.4	395.5
68.2	68.2	81.8	102.3	272.7	327.3	409.1
70.5	70.5	84.5	105.7	281.8	338.2	422.7
72.7	72.7	87.3	109.1	290.9	349.1	436.4
75.0	75.0	90.0	112.5	300.0	360.0	450.0
77.3	77.3	92.7	115.9	309.1	370.9	463.6
79.5	79.5	95.5	119.3	318.2	381.8	477.3
81.8	81.8	98.2	122.7	327.3	392.7	490.9
84.1	84.1	100.9	126.1	336.4	403.6	504.5
86.4	86.4	103.6	129.5	345.5	414.5	518.2
88.6	88.6	106.4	133	354.5	425.5	531.8
90.9	90.9	109.1	136.4	363.6	436.4	545.5
93.2	93.2	111.8	139.8	372.7	447.3	559.1
95.5	95.5	114.5	143.2	381.8	458.2	572.7
97.7	97.7	117.3	146.6	390.9	469.1	586.4
100.0	100.0	120.0	150.0	400.0	480.0	600.0
102.3	102.3	122.7	153.4	409.1	490.9	613.6
104.5	104.5	125.5	156.8	418.2	501.8	627.3
106.8	106.8	128.2	160.2	427.3	512.7	640.9
109.1	109.1	130.9	163.6	436.4	523.6	654.5
111.4	111.4	133.6	167	445.5	534.5	668.2
113.6	113.6	136.4	170.5	454.5	545.5	681.8

らば，消耗したグリコーゲンの補充が十分にできたかどうかで，次の運動が効率的に行えるかどうかが決まるからです。

タンパク質

いくつかの研究では，タンパク質がグリコーゲンの取り込みに役立つことが示されています。しかし，タンパク質は，持久的トレーニング後のリカバリーを促進することはないため，リカバリー食としてのタンパク質の重要性が過大に評価されているという研究者もいます。一方，タンパク質は，レジスタンストレーニング後の筋の再構築を助ける働きをします。運動を行った結果，筋の損傷が引き起こされた場合，タンパク質を補えばいいが，炭水化物よりもタンパク質が必要だとはいえないと言う人もいます。

最近の研究（Rowlands and Wadsworth 2011）では，タンパク質を含むリカバリースナックを摂取したとき，女性のサイクリストと男性のサイクリストとで，その反応が非常に異なっていることが示されました。男性は，多くのタンパク質が含まれているリカバリー飲料によく反応しましたが，何人かの女性は，多くのタンパク質を含んだリカバリー食にしたときに，より疲れと痛みを感じたことを報告しました。これらのことから，タンパク質の摂取については，自分に最適な量を見つけなければならないことがわかります。

タンパク質を追加する場合は，6〜20 g の量が推奨されています。タンパク質は 1 g あたり 4 kcal なので，カロリーが増えても 24〜80 kcal とたいした量ではありません。良質のタンパク質は大豆や乳製品，脂肪の少ない肉からとることができます。

リカバリースナックを選ぶ

チョコレートミルクは 2006 年の研究（一部乳製品の業界からの資金提供による）以来，理想的なリカバリー飲料として奨励されています。その研究では，チョコレートミルクはゲータレードや Endurox R-4 と同じか，それ以上の効果があることが示されています。非常に口あたりがよいため，特に長時間のトレーニングや激しい運動後など，食欲があまりないときにはよい選択になり

ます。このようなときは，液状スナックが最も適しているように思えます。

便宜的に，市販のリカバリー飲料やリカバリー・バーを選んでもかまいません。しかし，できれば自分のリカバリースナックを用意しましょう。そうすれば，可能なときはいつでも，有機的な材料や地元でとれた素材など，自分で材料を管理できますし，自分の口に合うように風味を調整することもできます。

適切なリカバリースナックの例としては，
- チョコレートミルク
- チョコレート豆乳
- ジャム，クリームチーズ，ピーナッツバター，七面鳥をのせたベーグル
- スムージー（牛乳で混ぜた果物または野菜，豆乳，アーモンドミルク，ライスミルク，ヨーグルト）
- 果物とヨーグルト
- 牛乳，豆乳，アーモンドミルクあるいはライスミルクとシリアル
- 天然ジュースと少量のナッツ

などがあります。これらに加えて，水分補給のための水やスポーツドリンクを含め，また電解質を維持するための栄養補助食品や塩分を加えることを考えてください。

リカバリースナック摂取の後

リカバリーは，リカバリースナックを摂取した後も続きます。リカバリースナックを摂取した約2時間後に，さらに体重1 kgあたり1.0〜1.2 gの炭水化物を摂取するとよいでしょう。これは，午前中のトレーニング後の昼食とか，午後のトレーニングや1日中運動した後の夕飯など，通常の食事と重なることが多く，身体によい自然食品で摂取することができます。その食事だけでなく，その日の休息のために，消費した炭水化物の量に注意を払い，タンパク質，脂肪と一緒にとるようにしましょう。

炎症を軽減するために食べる

　ある程度の炎症は，トレーニングによって引き起こされる正常な結果ですが，あまりにも強い炎症はオーバーユースを悪化させたり，ケガにいたることもあります。また炎症は，関節炎や自己免疫疾患などの炎症性の疾患だけではなく，心臓病やある種のがん，アルツハイマー病の原因となっていることもあります。食べているものが，身体の炎症反応に影響する場合があります。植物化学物質や抗酸化物質が豊富なベリー類，n-3系脂肪酸が含まれているサケやサバなどの魚，クルミや亜麻仁などの食品は，身体の炎症反応を抑えることができます。また，ショウガやニンニクなどの香辛料，コーヒーや紅茶なども有効です。野菜，豆類，魚およびオリーブオイルを使用する地中海料理などは，健康的な食事といえます。

　多くの本やウェブサイトで，抗炎症性の食事についての詳細を知ることができます。全粒穀物，豆，一部の脂肪などは，抗炎症作用だけでなく，アスリートにとって有益な食事となるので，調べてみるとよいでしょう。

　特にきついトレーニングの期間には，ジャンクフードおよび飽和脂肪や糖分の多い食物は避けるように注意しましょう（もちろん，これは常に注意したほうがいいでしょう）。洋風の食事は，一般的に多くのn-6系脂肪酸（炎症を促進するホルモンを分泌する）を含み，n-3系脂肪酸は少量しか含まれていません。ほとんどの加工食品に見られる多価不飽和植物油は，n-6系脂肪酸の源です。n-3系脂肪酸，n-6系脂肪酸の両方が必要ですが，できるだけ2対1か1対1の比率でとることが必要です。n-3系脂肪酸については，第10章を参照してください。ただし，栄養はサプリメントからではなく，なるべく自然の食物からとるようにしましょう。

水分補給

　パフォーマンスやリカバリーのためには，身体の水分を正しい状態に保つことが重要です。脱水は，トレーニングやレースの自然な結果ですが，脱水症状があまりにもひどくなると，パフォーマンスが悪化します。脱水症になる

と，筋が働くために筋に送られる血液の量が少なくなり，そのためポンプの役割を果たす心拍数が上昇します。運動することがよりきつく感じるようになり，場合によっては胃腸障害を引き起こすことがあります。これらの症状があると，最高のパフォーマンスを発揮することはできません。特に1日で何回かのトレーニングを行う場合や暑い環境で運動を行う場合は，自分が消費した水分の量に十分な注意を払う必要があります。

それではどのくらい飲めばいいのでしょうか。体液の流出が体重の2％以上にならないようにするべきとの考え方があります。しかし最近では，これは科学的に正しいというよりも商業主義的な基準であるといわれています。ロス・タッカーらが明らかにしたように，身体は適切な浸透圧を維持するため，つまり体内の水分濃度のバランスをとるために一所懸命働いています。バランスが崩れるとのどが渇き，それが合図となって水分を補給することで体液が適切な浸透圧へもどります。あらかじめ決めた水分摂取のスケジュールに固執して水分をとりすぎると，ナトリウムと体液のバランスが悪くなり，低ナトリウム血症という重篤な疾患の原因となり，死にいたることさえあります。日々の運動による脱水状態は，のどの渇きを目安にしましょう。

身体の水分の状態を判断する最も簡単な方法は，尿の色をチェックすることです。本来，尿の色は明るい色，あるいはほとんど透明であるべきです。尿が黄色や茶色だった場合，脱水の状態にあることを示します（ビタミン補助食

アルコール

アルコールは，適度な量であれば，バランスのとれた食事の楽しい一部になりえます（特に，赤ワインには抗酸化作用があります）。しかし，アルコールは，1～2杯を越えるとグリコーゲンの補充が悪くなるなど，リカバリーの妨げになります。そのため，日常生活におけるアルコールの役割をよく考えてください。
また，ストレス解消のためにアルコールを摂取しているなら，自分が優先するべきことと自分の目標を考えてください。最も健康的な選択をしているでしょうか。その選択は，大局的な見地に立った目標の役に立ちますか。アイシングやサプリメントと同じように，毎日アルコールを摂取しているとすれば，それは警戒すべきことです。

> **クイックヒント**
> - 簡単に言うと，リカバリーにとって重要なのは，常にバランスのとれた食事をすることです。
> - 食事は変化を富ませるようにしましょう。
> - バランスのとれた食事は全身性の炎症に抵抗し，リカバリーに必要な時間を短くできます。
> - 運動中はもちろん，のどが渇いたと感じたら水分をとりましょう。

品によっては，尿が鮮やかな黄色になることがあるので注意してください）。

トレーニングや競技によって失われた体液を補給するために最も役に立つのは，ナトリウムを含んだ飲料でしょう。これは体液のバランスを保持するためにも有用です。真水は，素早く身体を通過し，尿として排泄されてしまいます。ナトリウムが含まれたスポーツドリンクの代わりに，チキンや野菜のスープ，トマトジュース，あるいは若干の塩を加えた手製のスムージーでもいいかもしれません。

栄養と水分の摂取に細心の注意を払えば，リカバリーを適切に行うために必要なすべてのものを備えた身体になることができます。

参考・引用文献

American Dietetic Association. 2009. "Position of the American Dietetic Association, Dietitians of Canada, and the American College of Sports Medicine: Nutrition and Athletic Performance." *Journal of the American Dietetic Association* 109: 509–527.

Ivy, J. L., A. L. Katz, C. L. Cutler, W. M. Sherman, and E. F. Coyle. 1988. "Muscle Glycogen Synthesis After Exercise: Effect of Time of Carbohydrate Ingestion." *Journal of Applied Physiology* 64: 1480–1485.

Karp, J. R., J. D. Johnston, S. Tecklenburg, T. D. Mickleborough, A. D. Fly, and J. M. Stager. 2006. "Chocolate Milk as a Post-Exercise Recovery Aid." *International Journal of Sport Nutrition and Exercise Metabolism* 16: 78–91.

Kelinson, A. 2009. *The Athlete's Plate: Real Food for High Performance*. Boulder, CO: VeloPress.

Pollan, M. 2008. *In Defense of Food*. New York: Penguin.

Rowlands, D. S., and D. P. Wadsworth. 2011. "Effect of High-Protein Feeding on Performance and Nitrogen Balance in Female Cyclists." *Medicine and Science in Sport and Exercise* 43, 1: 44–53.

Ryan, M. 2007. *Sports Nutrition for Endurance Athletes*. Boulder, CO: VeloPress.

Seebohar, B. 2004. *Nutrition Periodization for Endurance Athletes*. Boulder, CO: Bull Publishing.

Tucker, R., J. Dugas, and M. Fitzgerald. 2009. *The Runner's Body*. New York: Rodale.

10 サプリメント

サプリメント（栄養補助食品）は，食事による栄養の不足を補うことを目的につくられています。果物，野菜，穀物，脂肪の少ない良質のタンパク質を豊富に含んだ健康的な食事をすることで，リカバリーに役立つエネルギー補給ができます（正しい食事をしているかわからない場合は，スポーツ栄養士に食事を分析してもらいましょう）。しかし，自然食品による栄養以外に，サプリメントを摂取することで，リカバリーが促進される場合があります。現在使用しているサプリメントが時間とお金の無駄になっていないかを考えてみましょう。また，サプリメントではありませんが，痛みを緩和するためによく使用される非ステロイド系抗炎症剤（NSAIDs）は，大量に使用すると健康を損なう可能性があります。この章では，最も有益なサプリメントとよく使用される一部の医薬品についても考えてみます。

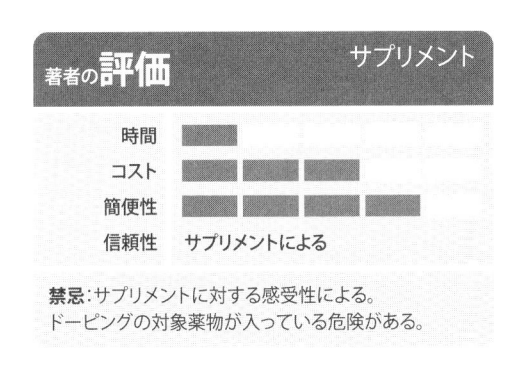

サプリメントを摂取することが習慣になっている場合には，何を摂取しているのか，またなぜそれを摂取しているのかをよく考えずに使用しているこ

著者の評価　　サプリメント

時間
コスト
簡便性
信頼性　サプリメントによる

禁忌:サプリメントに対する感受性による。
ドーピングの対象薬物が入っている危険がある。

とがあります。リカバリーのためには，ストレスを減らして，できるだけ生活をシンプルにすることが必要です。なぜ，いろいろなサプリメントを使用しているのかを考えてみましょう。また，サプリメントにかかる費用や使用することによる副作用なども確認してみる必要があります。そして，最終的に，サプリメントを使用することが，自分の競技や人生における目標を達成することに役立っているのかを考えてみるとよいでしょう。もしかしたら，単に習慣化されてしまっているだけかもしれません。あるいは，何も考えず，現在の選択が適切であると決めつけているだけかもしれません。ただ寝不足やストレス解消のためにサプリメントを使っていないか，確認をしてください。

　サプリメントは食品医薬品局（FDA）の承認の対象ではありません。したがって，多くのサプリメントは，FDAが承認する薬品に必要な，厳しい臨床試験を受けていません。また，製造者は自社製品の有効性を科学的に証明する必要がありません。サプリメントの製造は，連邦政府の取り締まりによる規制がないため，人体にとって悪い影響が出る可能性があります。競技スポーツのアスリートとして，自分が摂取するものについては最終的な責任をもたなくてはなりません。もしWADAの薬物検査を受ける可能性があるアスリートの場合は特に，肌に使うクリームなども含めて，何を使用するか厳格かつ慎重でなければなりません。ここで述べたサプリメントのいずれにしても，使用する前にスポーツ栄養士などヘルスケアの専門家やコーチに相談してください。

総合（マルチ）ビタミン剤とミネラル

　野菜を中心にした，変化に富んだ食事を十分にとっていて，体重が安定した状態に保たれていれば，ビタミンとミネラルは適正な量が摂取されており，総合ビタミン剤やミネラルのサプリメントは必要ありません。しかし，食事の摂取を制限していたり，個人的な理由や動機のために特定の食品をとっていない場合は，総合ビタミン剤を使うことによって，不足しがちなビタミンB群やビタミンC, D, E, βカロテン，セレンなどを十分にとるための助けとなる場合もあります（アメリカ栄養士会2009）。その他，ミネラル（カルシウム，鉄，

マグネシウム，亜鉛など）を含んだサプリメントは，貧血の既往歴のあるアスリート（特に赤身の肉を食べない人）にとって役に立ちます。しかし，鉄分は過剰に摂取すると害になるため，医療専門家の指示のもとで行うべきです。

抗酸化物質

　さまざまな果物を含んだ健康的な食事には，運動中に放出されるフリーラジカルによる身体へのダメージと戦う抗酸化物質が多く含まれています。そのため，抗酸化物質を含むサプリメントを使うと，身体的ダメージを抑制することができます。最近の研究では，持久的運動の後に抗酸化物質を多くとることで，フリーラジカルによる筋へのダメージが減り，リカバリーに役立つことが示されています。

　色鮮やかな果物や野菜を多く含む変化に富んだ食事をとることにより，多くの抗酸化物質をとることができます。サプリメントをとる場合は，グレープジュース，タルトチェリージュース，ザクロジュース，アサイージュースなど，赤や紫色のジュースを飲むとよいでしょう。

　ケリー・クウェルらによる研究では，各ランナーが約14マイル（22.5 km）を走る駅伝の前の週から，タルトチェリージュースを飲みはじめたところ，飲まなかった場合と比べ，レース後の疼痛が有意に少なかったことが示されました。マラソン選手を対象とした同様の研究があります。グリン・ハウワトソンらは，競技会の5日前から競技会の2日後まで，マラソン選手にチェリージュースを飲ませ，その結果を調査しました。テスト群に割り付けられた対象者は，230 gのチェリージュースを朝と午後に飲み，レース後に筋力，炎症の徴候および血中の抗酸化物質の量を測定しました。その結果，チェリージュースを飲んだ群は，飲まなかった群よりリカバリーの度合いを示す値が，有意に優れた値を示しました。自宅で同じようなことを実施するのであれば，ブレンドされたジュースではなく，100％のタルトチェリージュースを飲むとよいでしょう。風味が強すぎるようであれば，ヨーグルト，亜麻の種子または亜麻油と混ぜてスムージーにして飲んでみましょう。そうすることで，n-3系脂肪酸（次

の項を参照）の摂取量を増やすことにもなります。

ザクロまたはアサイーのようなジュースも役立つ可能性があります。しかし，これらの製品についての研究は，現在進行中です。そのためサプリメントを使用する決定をする前に，PubMed のような医学関連の研究のデータベースで最新の情報をチェックしてください。

必須脂肪酸

必須脂肪酸は，人の身体ではつくることができないため，「不可欠な」脂肪とも呼ばれ，食事を介して摂取しなければなりません。身体には n-3 系脂肪酸からつくられる α リノレン酸，n-6 系脂肪酸からつくられるリノレン酸の両方が必要です。しかし，典型的な洋風の食事には，抗炎症作用のある n-3 系脂肪酸より，炎症を促進する n-6 系脂肪酸が多く含まれています。この不均衡を是正するためには，n-3 系脂肪酸を多く摂取する必要があります。n-3 系脂肪

品質の問題

サプリメントに対する監視はほとんどなされていませんが，しっかりとした製造者は食品医薬品局の医薬品適正製造基準を満たし，さらに分析証明書によって，その成分が証明されています。また，アメリカ薬局方（USP）は，製品の純度や濃度だけでなく，製造基準をも検査する非営利の第三者機関です。ですから，選んだサプリメントがUSPやほかの第三者機関によって承認されているかどうかをチェックするとよいでしょう（図 10.1 参照）。

さらに，以下のことがチェックできます。
- 有機成分。
- 小麦，トウモロコシ，大豆が含まれているかどうか（アレルギーがある場合は特に重要），人工着色料や人工香料の使用の有無。
- 地球環境に優しいかどうか（購入の際に，倫理面を考慮したい場合）。
- 賞味期限。
- 保管方法（製品の保存は常温でいいのか冷蔵庫で保管する必要があるのかなど）。

図 10.1 USP は製品の純度と濃度を検査する

酸は，サケ，サバ，イワシ，ニシンなどの魚や亜麻の種子，クルミなどに多く含まれています。

　n-3系脂肪酸を摂取するほかの方法としては，魚油や亜麻油をサプリメントとして補うことがあげられます。さまざまな魚油サプリメントが市販されていますが，エイコサペンタエン酸（EPA）とドコサヘキサエン酸（DHA）が含まれているものを探すとよいでしょう。魚油の材料が，サケやイワシなどのいわゆる青背魚であるかを確認しましょう。加工法に関して倫理的な問題がないか，製造方法も詳しく調査したほうがよいでしょう。また，サプリメントに不純物が入っていない新鮮なものかもチェックしましょう。さらに，サプリメントの製造者が，しっかり管理された第三者機関によるテストによって品質保証をされているかも確認しましょう。サプリメントがカプセル状になっている場合，カプセルの材料を確認することも必要です（菜食主義者であれば，ゼラチンカプセルのものを選びましょう）。

　小さな海洋生物であるオキアミからつくられるオキアミ油は，抗酸化物質であるアスタキサンシン，EPA，DHAが含まれています。ただし，オキアミは減少傾向にあり，地球環境に優しい飼育法などを支援している場合は，サプリメントの材料についての調査も行ってください。

　魚が苦手で食べられない場合などは，亜麻の種子や油を探してください。どちらにも αリノレン酸が含まれています。αリノレン酸は，代謝の過程を経てEPAとDHAに合成されます。ただし，魚を食べたり魚油サプリメントをとるほうが，より直接的にEPAとDHAになります。

　世界保健機構（WHO）では，健康な成人は1日あたりEPAやDHAを0.3〜0.5 g，αリノレン酸を約1 g以上摂取することを推奨しています。この量を摂取するためには魚油サプリメントをどのぐらいとる必要があるか，サプリメントの入れ物のラベルを見て，より濃縮されているものを選ぶとよいでしょう。亜麻の種子は大さじ1杯，亜麻油は小さじ1杯で約2 gのαリノレン酸を含んでいます。

　n-3系脂肪酸のサプリメントの保管には注意が必要です。亜麻油は，冷たい，日が当たらない場所に保管する必要があり，またパッケージを開けたら数週

間以内に使ったほうがよいでしょう。亜麻油を加熱すると，その有益な特性が失がわれます。パッケージから悪臭が放たれるようになった場合は，それを使用すると病気の原因になる可能性もありますし，場合によってはトランス脂肪に変わってしまう場合があります。

　亜麻の種子を使用する場合，消化しやすいように，コーヒーミルやすり鉢とすりこぎ棒を使って挽いたほうがよいでしょう。使用のたびに挽くのが面倒な場合は，一度に全部を挽いてもかまいませんが，冷凍庫に保管します。

タンパク質（プロテイン）サプリメント

　サプリメントの販売業者は，トレーニング間におけるリカバリーのときに筋の再構築を助けるために，プロテイン・パウダーが必要であるとアスリートに信じさせようとしています。しかし，平均的な西洋人は，運動を多くする人でさえ，1日あたりに必要とされるタンパク質の量を超える量をとっています。また第9章で述べたように，研究では，リカバリースナックにタンパク質を加えることによって，グリコーゲンの取り込みに効果があるかどうかについての結論が出ていません。実際には，プロテイン・パウダーとしてサプリメントをとる必要はありません。脂肪の少ない良質のタンパク質をとるだけで十分です。

市販のリカバリーサプリメント

運動後に飲む飲料

　これまで，特に長時間のトレーニング後におけるリカバリースナックの重要性についてみてきました。多くの企業からリカバリー飲料や飲料ミックスが販売されています。これらの商品は，自分自身で食料を得るための手段がない場合には，運動後のスナックとして重宝します。また，リカバリーに効果があると認められていない商品(例えば，スリムファーストやヨーグルトスムージなど)でもよいのです。最終的には，自分の味覚，予算，そして経験によっ

て市販のサプリメントを選ぶとよいでしょう。

リカバリーサプリメント

　リカバリースナックのほかに，ロイシン，イソロイシン，バリンの分岐鎖アミノ酸（BCAA）やグルコサミンからなるカプセルなど，リカバリーを目的としたほかの商品も販売されています。以下に述べるように，研究では，これらの商品が有効であるかどうかの結論は出ていません。自分のヘルスケアチームと一緒に徹底した研究を行い，サプリメントの品質を十分に検証してください。ただし，繰り返しますが，質のよいトレーニング，食事，睡眠を確保することが重要で，セルフケアの不足を補うためにこれらのサプリメントに頼るようなことがないようにしましょう。

その他のサプリメント

　アメリカ栄養士会（2009）によれば，パフォーマンスの向上を目的とするためのサプリメントとして販売されているエルゴジェニック・エイドのなかで，効果として表示されているものと同等の効果が実際に得られるものはごく少数です。エルゴジェニック・エイドの代表的なものにクレアチンがあります。クレアチンは，スプリンターや重量挙げ選手の筋の疲労回復に役立つ場合もありますが，持久系のアスリートの役に立ちません。その他，カフェインやプロテインサプリメント（身体によい食事には十分なタンパク質が含まれています）がありますが，いずれのサプリメントも日々のリカバリーの役には立ちません。

　以下にサプリメントの一般的な使い方について述べますが，サプリメントが運動やトレーニングのリカバリーに直接影響するかどうかは明らかになっていません。もし，サプリメントを使用する際には，コーチや医療従事者と相談しながら試してください。

アミノ酸

タンパク質をサプリメントで摂取する必要はほとんどありませんが，運動の前や後に分岐鎖アミノ酸（BCAA）をとることにはメリットがある可能性があります。BCAA は，遅発性筋痛を軽減し，免疫機能を改善することが，ネグロらにより報告されています。激しいトレーニングをするアスリートは，免疫系の働きが抑制され，感染の影響を受けやすくなるため，免疫機能を改善することは有益です。

同様に，アミノ酸の 1 つであるグルタミンを摂取することで免疫系の機能を高めることができます。とはいえ，適正な量の良質なタンパク質が含まれている食事をとっていれば，十分にグルタミンを摂取することができます。オーバートレーニング症候群のアスリートは，血漿グルタミンレベルが低いことが示されています（Rowbottom, Keast, and Morton1996）。しかし，グルタミンをサプリメントとしてとることで，オーバートレーニングの予防やリカバリーの向上に役立つという結果は示されていません。

アミノ酸のサプリメントをとる場合は，毎日，朝食と運動後のスナックに BCAA パウダーを 5〜10 g 加えるか，運動後のスナックにグルタミンを 5 g 加えるといいでしょう。

チョウセンニンジン

その他，免疫系の機能を向上させる可能性があるものに，チョウセンニンジンがあります。チョウセンニンジンは，ストレスに身体が適合することを助けるため，リカバリーに有益であると思われますが，パフォーマンスとリカバリーに対する効果については，確実に証明されてはいません（Engels, Falhman, and Wirth 2003 などを参照）。またチョウセンニンジンは，質の高い調合が必要であり，周期的に正しく摂取することが必要なため，煩雑になります。ですから，賢いトレーニングや適切な休息，自然な食品による栄養の摂取を心がけたほうがよいでしょう。

第10章　サプリメント

医薬品

　医薬品はサプリメントではありません。また，一般的なリカバリーに役立つこともありません。トレーニングを継続できるように，市販の痛み止め薬を使う必要がある場合は，危険信号であると考えてください。その痛みの根本原因を詳細に調べるために，ヘルスケアの専門家に相談しましょう。もしかすると，オーバーユース障害の可能性もあります。休息をとったり動きを矯正するエクササイズを実施することで，すぐに効果が表われる場合もあります。まずは，痛みなどの問題の原因を明らかにし，正しい対処の方法をみつけましょう。

　多くのアスリートは，トレーニングによって痛みやうずきなどを感じると，アドビル（イブプロフェン）やアリーブ（ナプロキセン）のような非ステロイド系抗炎症剤を使おうとします。そのような薬剤を使おうと思ったら，いったん思いとどまり，なぜ薬を飲もうとしているかを自分自身に聞いてみましょう。痛むのはどこか，痛みは特定の部位にあるのか，そうであればいつから痛み出したのかをチェックしましょう。

　また，ランニングの距離が大幅に延びたか，転倒したか，ランニングシューズが古くなってすり減っているかなど，痛みの原因を考えてみましょう。薬で痛みをなくすことを考えるより，痛みの原因を見つけるために専門家と相談をしましょう。

　非ステロイド系抗炎症剤を大量に服用すると，実際には治癒までの時間が長くなり，リカバリーのための身体能力を妨げる可能性があります。また，非ステロイド系抗炎症剤の使いすぎは，胃の不調や腎臓の障害まで，多くの問

> **クイックヒント**
> ▶「奇跡の治療」には細心の注意を払いましょう。本物の食物から栄養素を得ることが重要です。
> ▶ n-3系脂肪酸の摂取量を増やすことで，リカバリーの助けとなる可能性があります。
> ▶ タルトチェリージュースのような抗酸化物質が豊富なジュースは，リカバリーに役立つことが期待されます（また味もおいしいです）。
> ▶ 非ステロイド系抗炎症剤は，リカバリーには役立ちません。実際，身体の自然なリカバリーを妨げる可能性があります。

題を引き起こすことがあります。さらに，シクロオキシゲナーゼ酵素の遮断によって，吐き気など胃の不調や下痢の可能性も増します。また，シクロオキシゲナーゼ2阻害剤として働く処方薬の非ステロイド系抗炎症剤は，心臓発作の危険を増加させる場合があります。自分が使用している薬剤およびサプリメントについて，ヘルスケアの専門家と相談しましょう。市販の薬剤を使うと，身体が経験している痛みが何によるものかが隠されてしまうため，使用する前に十分に注意しましょう。

参考・引用文献

American Dietetic Association. 2009. "Position of the American Dietetic Association, Dietitians of Canada, and the American College of Sports Medicine: Nutrition and Athletic Performance." *Journal of the American Dietetic Association* 109: 509-527.

Engels, H. J., M. M. Fahlman, and J. C. Wirth. 2003. "Effects of Ginseng on Secretory IgA, Performance, and Recovery from Interval Exercise." *Medicine and Science in Sports and Exercise* 35: 690-696.

Howatson, G., M. P. McHugh, J. A. Hill, J. Brouner, A. P. Jewell, K. A. van Someren, R. E. Shave, and S. A. Howatson. 2010. "Influence of Tart Cherry Juice on Indices of Recovery Following Marathon Running." *Scandinavian Journal of Medicine and Science in Sports* 20: 843-852.

Kuehl, K. S., E. T. Perrier, D. L. Elliot, and J. C. Chesnutt. 2010. "Efficacy of Tart Cherry Juice in Reducing Muscle Pain During Running: A Randomized Controlled Trial." *Journal of the International Society of Sports Nutrition* 7: 17.

Negro, M., S. Giardina, B. Marzani, and F. J. Marzatico. 2008."Branched-Chain Amino Acid Supplementation Does Not Enhance Athletic Performance but Affects Muscle Recovery and the Immune System." *Journal of Sports Medicine and Physical Fitness* 48: 347-351.

Neubauer, O., S. Reichhold, L. Nics, C. Hoelzl, J. Valentini, B. Stadlmayr, S. Knasmu¨ller, and K. H. Wagner. 2010. "Antioxidant Responses to an Acute Ultra-endurance Exercise: Impact on DNA Stability and Indications for an Increased Need for Nutritive Antioxidants in the Early Recovery Phase." *British Journal of Nutrition* 104: 1129-1138.

Nieman, D. C., D. A. Henson, S. R. McAnulty, F. Jin, and K. R. Maxwell. 2009. "N-3 Polyunsaturated Fatty Acids Do Not Alter Immune and Inflammation Measures in Endurance Athletes." *International Journal of Sports Nutrition and Exercise Metabolism* 19: 536-546.

Rowbottom, D. G., D. Keast, and A. R. Morton. 1996. "The Emerging Role of Glutamine as an Indicator of Exercise Stress and Overtraining." *Sports Medicine* 21, no. 2: 80-97.

Warden, S. J. 2010. "Prophylactic Use of NSAIDs by Athletes: A Risk/Benefit Assessment." *Physician and Sports Medicine* 38: 132-138.

11 冷却療法と温熱療法

多くのリカバリー方法と同様に，温熱療法や冷却療法の効果的な活用方法もアスリート個人個人によって異なります。また，冷却や温熱の際の温度，温熱治療の時間，乾熱と湿熱の効果の違い，温熱療法および冷却療法の正しい方法などについて，研究

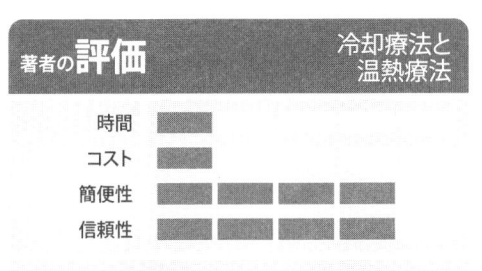

著者の**評価**	冷却療法と温熱療法
時間	■
コスト	■
簡便性	■■■■
信頼性	■■■■

禁忌：筋肉が炎症を起こしているときは，温熱療法は避ける

では，矛盾する結果が見られるものもあります。温熱や冷却に関する研究が十分ではなく，ときに矛盾した結果が見られるにもかかわらず，多くのアスリートが，リカバリーに冷却と温熱を活用して効果が得られたと述べています。ですから，自分に最良の方法を見つけるために，自分のリカバリーの質が向上したかどうかいろいろと試してみることが必要です。

　一般的に，アイシングは，トレーニング時などに繰り返し身体を激しく使用することで発生した炎症を抑えるために実施します。また，衝突やタックルなどによる急性の外傷の際にも実施されています。軟部組織の損傷が急性期の段階にあるときに温めると，炎症を悪化させることになります。冷水浴あるいは直接アイスパックを使用して組織を冷やすことで，過度の炎症を抑え，浮腫

（腫れ）を最小限に抑えることができます。冷却後は，リカバリーを早め細胞を再生させるために，血流を促進して炎症によって生じた副産物を除去します。生理学者のスティーヴン・マクレガーは，アイスバスを利用することで，特にランニング中の着地の衝撃によって引き起こされる炎症が軽減することを明らかにしています。アイスバスは炎症と関係のある痛覚を抑制するため，鎮痛効果もあります。

一方，サウナなどの乾性の温熱環境でも，スチームルームや渦流浴などの湿性の温熱環境でも，暖かいところで時間を過ごすと，循環が促進し，硬くなった筋をほぐすことができます。暖かい部屋や風呂に入ることで，リラクゼーションが促されたり，副交感神経系の働きが活発になり，リカバリーが促進されます。

冷却療法

冷却は，炎症を軽減させ，血管の収縮を促進し，痛みを麻痺させるために行います。トレーニングによる急性の炎症からのリカバリーだけではなく，特定のケガからのリカバリーにも用いられています。アイシングを必要とする損傷がある場合は，自分のトレーニング歴をチェックして，トレーニングを過剰に行っていないかを見極め，リカバリーに特に集中しましょう。

アイスバス（氷浴）

多くのアスリートが，運動後の氷浴の有効性について述べています。氷浴によって炎症が軽減し，筋から老廃物を除去できるようになります。研究では，冷水浴は13～15℃が理想的な温度で，氷を直接利用するのと同じくらい有益であることが示唆されています。

海や小川の近くに住んでいれば，自然な冷水浴が身近でできるかもしれません（**図11.1**を参照）。多くのトライアスリートが，上昇した体内の温度を下げるために，競技後にスイム競技の会場を再び訪れます。

冷水浴を行うことで炎症が抑えられ，これによりリカバリーが促進されま

第 11 章　冷却療法と温熱療法

図 11.1　水の近くで暮らしていれば，自然な冷水浴が身近でできるかもしれません。

す。また，冷水浴により精神的に落ち着くことができます。

　2010 年の終わりに，ナイキは「スペースキャビン」という，肌をクールダウンさせるための小さい冷たい空間である，クライオサウナを発表しました。冷却浴の方法には，ほかにも多くの選択肢があり，ノースカロライナ大学チャペルヒル校にある，アイス・ワールプール（渦流浴）のようなものもあります。このワールプールは，常に 9℃ に保たれていて，一度に 24 人が座ることができます。しかし，このように高級なものでなくても，十分に利用可能です。長さ約 180 cm の馬の飼い葉桶を使ったコーチもいます。馬の飼い葉桶に，アスリートが足を伸ばしたままで座ると水が骨盤の上にまでくることになり，ランニングにかかわる筋全体を水に浸けることができます。

　理学療法士でウルトラランナーでもあるニッキ・キンボールは，冷水浴はタイミングが重要であると言っています。運動後できればすぐに，アイスバス（氷浴）に入るべきで，遅くとも 1 時間以内には入るべきです。だいたい 15 分間は入るようにしますが，外が寒い場合などには時間を短縮してもよいでしょう。

　アイスバスはどのようなときに入るのがいいのでしょうか。アイスバスに

111

入るのは，下肢に外傷を受けた後がすすめられます。また，2時間以上のランニングや90分以上の激しいトレーニングをしたときにも，アイスバスを利用するようすすめています。自分にとって有効な方法を探すとよいでしょう。アイスバスはランニングの後に使用すると役に立ちますが，サイクリングのような衝撃の少ない運動の後にはあまり必要ではないことを示唆している生理学者もいます。サイクリストが，強い痛みを感じているような場合は，アイスバスよりマッサージのほうが効果的でしょう。炎症はトレーニングの過程における自然な結果であり，外傷が発生した後の治癒過程に必要なものです。アイスバスを使用する目的は，運動後の筋の痛みを軽減し，過度な炎症を抑えることにあります。

家でアイスバスを実施するためには，水道水を風呂に入れて座り，さらに冷やすために氷を加えてください。風呂の水を15℃未満にするために家庭用冷蔵庫の製氷機では，十分な氷がつくれない場合は，大きな袋に入っている氷を1～2袋購入するとよいでしょう。風呂からあがったときにまだ氷が浮かんでいるようであれば，氷の量が適正であったといえます。

アイスバスを快適に行うためには，タオルやフード付きのスウェットシャツでおおって上半身を暖かくしてください。また，電話，ラジオ，雑誌など時間をつぶすためのものを持って入ってもいいでしょう。感覚を研ぎすまし，冷たい不快感をよく観察したりすることで，自分の精神の集中力を強化するい

炎症は悪いことではない

身体が強くなるためには，トレーニングによって身体にストレスをかけることが必要です。炎症は，このストレスによる自然の副産物です。炎症によって身体の反応が引き起こされ，リカバリーが開始されます。したがって，炎症は悪いことではなく，必要なことでさえあるのです。

炎症は，リカバリーできる範囲内であれば身体が処理できますが，それを上まわったときに問題が生じます。したがって，冷却や冷却と温熱を交互に行うこと，あるいは本書で述べた炎症を抑えるためのリカバリーの手段のいずれにおいても，その目標は，特定の部位の損傷や病気の前駆症状となる過度な炎症を抑えることです。

い機会にもなります。リカバリー食を食べることも，時間をつぶす役に立ちます。熱いココアや温かいスープを飲めば，冷たい水へ入ることも我慢しやすくなります。

アイスバスに入ると，通常，数分間は徐々に冷たいという感じが強くなります。アイスバスに入ることで，血管が収縮し，体液が皮膚から体幹のほうへ移

表11.1 アイスバスの入浴時間と温度のガイドライン

利用温度	入浴時間
18℃以上	30分以下
15～18℃	20～25分
12～15℃	15～20分
10～12℃	12～15分
7～10℃	8～10分
7℃以下	避ける

動します。この体液が移動することによって，過度な炎症を抑えることができます。冷水に入った後，10～15分間で感覚がなくなることがあります。20分以上入る必要はありません。アイスバスから出たら，後で述べる交代浴療法として，すぐに温かいシャワーを浴びたりして肌の温度を正常にもどし，その約45分後にシャワーを浴びます。この小休止によって，組織の色や感度が通常にもどり，安定化することができます。**表11.1**にアイスバスの温度と入浴時間のガイドラインを示しました。

氷を直接利用する

損傷の急性期に発生する炎症を軽減するために，氷をそのまま利用することがよくあります。標準的な方法では，10～15分間氷を患部にあてます。場合によっては20分後に再度行うことがありますが，1日に3回以内にします。長い時間氷をあてすぎると組織が凍ってしまい，凍傷になる恐れがあります。

アイスバスは必要な炎症反応を妨げることがあるとして，患部に直接氷をあてる方法を好むコーチもいます。そのコーチは，走った後，普段より軽い痛みを感じる程度であれば，氷をあてるのは約15分以内にすべきだとしています。そうすれば，炎症がよりひどくなることがありません。軽度な炎症なしにリカバリーをすることはできませんが，軽度な炎症はより深刻な炎症のはじまりでもあるとアドバイスしています。軽度な炎症は，自然な治癒過程の一部

ですが，炎症がよりひどい場合は，痛みや苦痛もひどくなり，医学的な治療が必要なこともあります。

　トレーニング後，アイシングを必要とするような痛みや損傷がみれらた場合，トレーニング強度が強すぎるサインですので，トレーニング日誌をチェックしましょう。負担を軽減するために，トレーニングを調節する必要があるかもしれません。アイシングを快適に行うための方法をいくつか以下に示します。

1. 水をいっぱいにした紙コップを凍らせます。痛む部位を紙コップの中の氷でマッサージするようになでこすります。自分自身でアイスマッサージをすると効果的です。氷が溶けたら，紙コップの紙をむきます。氷を絶えず動かさないと，冷えすぎて皮膚を傷める危険がありますので注意してください。
2. 密閉した袋に入った冷凍野菜（小さな豆粒状のものがいいでしょう）や冷凍した米を使用します。これらは，ほとんどの関節にぴったり合います。凍傷を防ぐために，肌の上に薄いタオルを敷くといいでしょう。
3. ジッパーで開閉できるビニール袋に水を3,消毒用アルコールを1の割合で入れたスラリーをつくります（この比率は，冷凍庫の温度や好みによって変わります）。アルコールは水より凍る温度が低いため，冷凍庫中でも液体の状態を保つことができます。このパックは，特に膝関節や足関節のようなでこぼこした部位にあてるのに適しています。冷凍野菜より凍けるのが遅いので，凍傷から皮膚を守るように十分に注意しましょう。

温熱療法

　ローマの浴場やフィンランドのサウナ，日本の風呂など，多くの文化において，温かい部屋や風呂が治療のために使用されてきました。温かい環境では，

発汗に伴って皮膚への血流が増加します。アスリートは，すでに運動によってこの効果が得られており，しばしば半脱水状態になっています。そのため，温熱環境でリカバリーをする際には注意をしなければなりません。また，すでに炎症を起こしている筋に，さらに熱を加えないようにするべきです。激しいトレーニングやレースの後は，冷やすほうがよいでしょう。しかし，温かい環境に少しの間いるだけでもリラックスでき，リカバリーが促進される場合もあります。

サウナ

サウナには高血圧患者の血圧を下げたり，呼吸器疾患の人の呼吸を助けたりする効果があります。アスリートを対象にした研究では，30分間のサウナの利用によって，筋力に影響はみられませんでしたが，サウナの後の筋持久力が低下したと報告されてます。短時間（20分以下）であれば，サウナ入ると気持ちよくリラックスすることができ，リカバリーの増進につながるでしょう。ストレッチングをするのと同じように，サウナに入る時間をつくるようにしましょう。通常のトレーニング後にサウナに入る時間をつくっても，別の機会にサウナを利用してもいいでしょう。ただし，特に激しい運動後は，サウナの利用は避けましょう。脱水状態になる可能性もあるため，温熱を利用することで，かえってリカバリーを遅らせてしまう場合があります。

使用する設備によって異なりますが，サウナは82℃以上になっていることがあります。自分の反応を十分に注意して観察し，ちょくちょくサウナから出るようにしてください。また，入っている間と入った後には，必ず水分補給をしてください。

スチームルーム

スチームルームは，湿度が非常に高く保たれて，44℃くらいにまで温められています。喘息のような呼吸の状態にある人は，湿度によく反応する可能性があります。スチームルームを蒸し暑いと感じる人がいるかもしれません。スチームルームの温度はサウナより低いですが，体内の温度を上昇させるには十

分な温度です。利用は 20 分以内にしてください。

ワールプール（渦流浴）

　ワールプール（渦流浴），いわゆるホットタブは，温熱療法に水治療法の利点を組み合わせたものです。水圧はむくみを縮小させるのに効果的です。また，身体のまわりで水が動くことで，血液循環が増し，筋肉だけでなく精神的にもリラックスできます。しかし，すでに組織が炎症を起こしている場合には，さらに熱を加えないように注意してください。気をつけないと単に炎症を悪化させるだけになり，リカバリーの時間が遅くなります。

温　浴

　アイスバス（氷浴）より温浴を好むアスリートもいます。プロ・トライアスリートのコーチであるマット・ディクソンは，「多くのアスリートはむくみを防ぐために，運動後，アイスバスに入るが，アイスバスに入ると筋肉がはることがあるので，プラスの面よりもマイナスの面が多いように思う。そのため，エプソム塩を入れた温浴をよく使用する」と言っています。ウルトラ・ランナーのジェニファー・ヴァン・アレンも，「きついレースやロングランの後は，いつもエプソム塩を入れた熱い湯に足を浸す」そうです（エプソム塩については第 12 章を参照）。

　温浴（渦流浴の 38℃よりは冷たい）に入るとリラックスすることができ，家でも簡単に実施することができます。冷たいビールを飲みながらの温浴こそ完璧なリラクゼーションであると言うアスリートもいます。

局所に対して直接温熱を利用する

　電気パッドや温熱パックは，特に腰部，頸部，肩などの筋の痛みを和らげます。しかし，そのような温熱を加える前に，痛みの原因を考えるようにしてください。筋を使用しすぎて炎症が起こっている場合，温熱を加えることで痛みが増したり，リカバリーが遅くなったりして，単に状況が悪化するだけになることがあります。筋が硬く感じていたり，マッサージの前に筋をウォームアッ

第11章　冷却療法と温熱療法

> **クイックヒント**………
> ▶ トレーニングによる炎症を軽減させるために冷やしましょう。
> ▶ 温熱は硬くなった筋をゆるめて循環を増加させますが，炎症がある場合には，それを悪化させることもあります。
> ▶ 長時間の運動や激しい運動の後，10〜15℃のアイスバスに10〜15分間入ることを目標にしましょう。
> ▶ アイスバスで温かいスナックを食べるとより快適になり，リカバリーが促進されるでしょう。
> ▶ 密閉できるビニール袋に消毒用アルコール1に対して水3の割合で入れて凍らせたスラリーは，身体のでこぼこした部分にぴったり合う手軽なアイスパックとなります。
> ▶ 直接温熱や氷をあてる場合，やけどや凍傷から皮膚を守るために皮膚の上にタオルを敷きましょう。

プしたい場合，温熱を使用すると筋の緊張が取り除かれる場合もあります。

　筋を温めるのに使用する熱には2つのタイプがあります。ほとんどの電気パッドは，乾燥した温熱がもたらされます。電気パッドは使いやすくて，腰背部を温めるには便利です。しかし，頸部や肩などの部位には使いにくいでしょう。頸部や肩などの部位には，ジェル・パックやスチームタオルのほうが便利です。ジェル・パックやスチームタオルは，湿式の温熱で，多くの人が好んで用いています。ほかの方法と同様に，自分にとって最良のものを選んでください。温度をあまり熱くせず，20分以上使用しないでください。皮膚と熱源の間に，タオルが必要な場合もあります。安全で気持ちよい状態を確保するために，自分の感覚に注意してください。

冷却と温熱の交互利用

　温熱と冷却を交互に与える温冷交代療法は，よく用いられるリカバリーテクニックです。数分間冷やした後，数分間温めることを何回か繰り返し，通常，最後に冷やして終わります。冷したり温めたりを繰り返すことで，血管の収縮と拡張が起こります。また，その血管の収縮と拡張を自分で感じることができます。

　いくつかの研究では，温冷交代療法がリカバリーに対して悪い影響がある

かもしれないことが示唆されています。例えば，1989年のフィンランドの水泳選手を対象にした研究では，温熱と冷却を交互にすることによって血漿量が減少し（脱水症を引き起こす），身体のストレスホルモンが上昇することが示されました (Kauppinen 1989)。このことは，リカバリーで行おうとしていることとは反対のことです。しかし，温冷交代療法は，まだ一般的に行われており，冷却療法と温熱療法を別々に行うのと同じように，非常に効果が得られた例はいくつもみられます。温冷交代療法が気持ちよく感じられれば，運動後に予定を組んでもいいでしょう。ただし，重要なトレーニングなどとは時間をあけて実施するべきです。水分補給をしっかりしていれば，温冷交代療法は有効かもしれません。

参考・引用文献

Hedley, A. M., M. Climstein, and R. Hansen. 2002. "The Effects of Acute Heat Exposure on Muscular Strength, Muscular Endurance, and Muscular Power in the Euhydrated Athlete." *Journal of Strength and Conditioning Research* 16: 353–358.

Kauppinen, K. 1989. "Sauna, Shower, and Ice Water Immersion: Physiological Responses to Brief Exposures to Heat, Cool, and Cold, Part I: Body Fluid Balance." *Arctic Medical Research* 48: 55–63.

Poindexter, R. H., E. F. Wright, and D. F. Murchison. 2002. "Comparison of Moist and Dry Heat Penetration Through Orofacial Tissues." *Cranio* 20: 28–33.

Sellwood, K. L., P. Brukner, D. Williams, A. Nicol, and R. Hinman. 2007. "Ice-Water Immersion and Delayed-Onset Muscle Soreness: A Randomized Controlled Trial." *British Journal of Sports Medicine* 41: 392–397.

12 セルフリカバリー法

アスリートは，常にパフォーマンスを改善するための方法を探しています。質のよい睡眠を取り，ストレスを減らし，食事を改善することが，リカバリーの重要な鍵であり，アスリートとして成功するポイントだと理解はしていても，試合などで勝つことを約束してくれるような方法にはお金をかけてしまいたくなります。

著者の評価 セルフリカバリー法

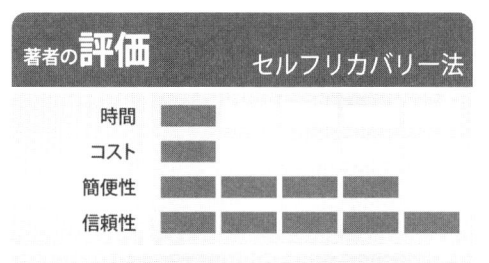

- 時間
- コスト
- 簡便性
- 信頼性

禁忌：コンプレッション・ソックス；サイズが合わないもの，クリーム；アレルギー，雑菌混入の可能性あり，ウインターグリーンオイルの過剰な使用は危険なため注意する

コンプレッション・ソックス

本章では，リカバリーを向上させるために使用する，手に入りやすい製品を紹介します。人気のある方法の1つは「コンプレッション・ソックス」の使用です。持久性種目のアスリートの間で広く利用されています。主要なレースで走っているランナーが，着用しているのがよく見られます。ドラッグストアや専門店，オンラインなどで入手可能で，自宅でも使用できます。

コンプレッション・ソックスの効果

　圧縮性のある素材でつくられているコンプレッション・ソックスは，腓腹筋の筋ポンプ作用を強化し，静脈還流を増大させることを目指してデザインされています。多くの会社が運動時に使用するソックスやリカバリー用に使用するソックスを製造しています（図12.1 参照）。コンプレッション・ソックスは，製品によって圧縮の位置や使用されている素材が異なります。例えば，ズートスポーツ社のアクティブコンプレスRxソックスは，運動中に着用するためにデザインされており，筋肉の外側をサポートします。一方，同じ会社のリカバリーアクティブコンプレスRxソックスは，腓腹筋のふくらみの部分に高い圧がかかり，細い骨の部分は圧が少なくなるデザインになっています。

　衣料品会社の2XU社は，レース用，リカバリー用の両方を製造しています。レース用の素材には，湿気を十分に管理し，足底への衝撃が緩和される機能が備わっています。一方，リカバリー用のソックスは，より多様性を目指しビジネス・ソックスと同じようにデザインされています。ゼンサー社のシームレスのコンプレッション・ソックスは，活動的に動いているときでもリカバリー用としても着用でき，運動前後だけでなく運動中にも使用できます。

　下腿用のコンプレッション・ウエアには，フルソックスタイプのものと足の部分がないカーフ・スリーブ（下腿のみ）の２つの形があります。スリーブによって，足関節や足部の体液が止まってしまうことを気にする人がいるかもしれません。コンプレッション・ソックスは，足から下腿に向って圧が少しずつ弱くなっています。そうでないと，静脈還流を促すような効果が期待できず，足がむくんでしまいます。プロ・トライアスリートのアレックス・マクドナルド（MD）は「ふくらはぎのカーフ・スリーブはフルソックスと違い，足

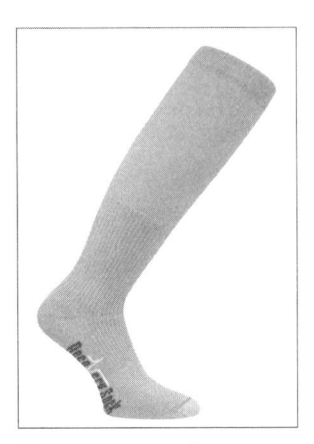

図12.1 コンプレッション・ソックスは，静脈還流を改善することを目指している。

先までソックスがないため,足部まで静脈還流効果が期待できない」と言っています。これについては,ほかの医療専門家も同じ見解を示しています。

　しかし,スリーブはランニングにとって最高の働きをします。なぜならば,ランニング際の足関節底背屈運動における下腿三頭筋の活動が静脈還流を促進させるからです。ただし,スリーブがちょうど足関節に当たる場合には注意してください。足関節の腱炎などがあると,ランニング動作の際にスリーブが患部に当たり,状況を悪化させてしまうことがあります。

　コンプレッション・ソックスは,どのソックスにしても,基本的には上のほうの圧縮力が弱く,底のほうの圧縮力が強くなっています。圧縮力は製品によって異なり,ドラッグストアなどで市販されているソックスは 10～20 mmHg,医療用に処方されるソックスは 50 mmHg 以上の圧縮力です。アスリート向けに市販されているソックスのほとんどは,その中間の圧縮力です。段階的に圧縮力がかかる構造のソックスは,静脈還流を改善するため,足の部分に 18 mmHg 以上の圧力がかかっていて,ふくらはぎのほうへ行くに従って減少しています。もっと圧力がかかってもいいかもしれませんが,圧力がかかりすぎると,血流が悪くなり逆効果になってしまいます ((Lawrence and Kakkar 1980)。受ける圧縮力は,製品自体によるものだけではなく,自分の足にあっているかどうかにもよります。大きすぎるソックスは,ピッタリ合ったソックスより圧縮力は弱くなります。

　コンプレッション・ソックスを長時間着用し続けた人を対象にした研究がありますが,一般的なアスリートがコンプレッション・ソックスを長時間着用することはほとんどありませんし,特に暖かいときには不快に感じます。コンプレッション・ソックスは,ハードなトレーニングの後の午後や夕方の数時間だけ着用するようにしましょう。また,遠征の場合には,移動時にコンプレッション・ソックスを着用するようにしてください。ただし,不快になる場合もありますので,普通のソックスも持っていくとよいでしょう。

　コンプレッション・ソックスをどの程度の時間着用するとよいかについては,結論が出ていません。ソックスを運動した時間の 2 倍の時間着用することを目標にしている人もいます。つまり,90 分走ったらソックスを 3 時間着用

します。また，4〜5時間の運動をしたらリカバリーソックスかタイツを着用したまま寝るといいかもしれません。

　コンプレッション・ウエアの圧縮力は，着用回数や洗う回数によって異なりますが，約6ヵ月間は持続するとされています。時間が経つにつれて，コンプレッション・ウエアはゆるんできます。無理なく着用することができる回数として，50回の洗濯を1つの目安と考えている人もいますし，トレーニング用，レース用，リカバリー用に各1着ずつ用意し，1年に1度すべて交換している人もいます。

　上半身用および下半身用のコンプレッション・ウエアを製造している会社も何社かあります。リカバリータイツは数時間，または夜通しでも着用することができます。上半身用のウエアは，水泳選手や車椅子アスリートが利用しています。

　圧縮と冷却を組み合わせた製品もいくつかあります。冷却のためのポケットがついたスリーブも販売されています。また，アキレス腱，足のアーチ，すねを対象としたものもあります。いずれにしても，常にある部位を冷却しなければならない場合や，痛みが特定の関節に集中している場合，身体の片側だけに痛みがある場合は，トレーニング負荷，リカバリーへの関心度およびバイオメカニクスを調べ，原因を突き止める必要があります。

コンプレッション・ソックスの有効性

　運動中にコンプレッション・ソックスを使用することによる効果については，科学的に明確な結論が出ていません。2009年のケムラーら研究では，運動中にコンプレッション・ソックスを着用することが有用である可能性が示されましたが，2010年のスペルリックらの研究では，効果は見られませんでした。

　実際のところ，コンプレッション・ソックスは，リカバリーのためにどの程度効果があるのでしょうか。この質問は，運動中にコンプレッション・ソックスを着用することと，運動後にコンプレッション・ソックスを着用することの2つに分けられます。

第 12 章　セルフリカバリー法

　まず，運動中にコンプレッション・ソックスを着用することに関しては，以下に述べる研究結果が答えになると思います。ニュージーランドのマッセイ大学のアジュモル・アリ博士は，膝までのコンプレッション・ソックスの着用の有無でランナーを2群に分け，いずれの対象者にもシャトル・ラン（前後に動くアジリティスプリント）と 10 km 走の両方を行わせました。その結果，コンプレッション・ソックスを着用したランナーは，着用していないランナーよりも遅発性筋痛の発生が有意に少なかったことを報告しました（Ali, Caine, and Snow 2007）。この結果は，リカバリーと密接な関係があります。走った後に，筋肉痛をあまり経験しなかったアスリートは，次に走る準備がより早期からできるに違いありません。

　別の研究でも同じような結果が示されています。2007 年，南アフリカのステレンボッシュ大学のエルマリ・テルブランシュらは，コンプレッション・ソックス着用の有無と最大の運動パフォーマンス，運動後の乳酸値の回復の効果に関する研究を行いました。その結果，パフォーマンスに関しては着用の有無によって効果に差が見られませんでしたが，着用しているアスリートの乳酸値が運動後より早く回復しました。近年，乳酸に対する考え方が変わり，いまでは乳酸が運動後の痛みに影響を及ぼすことはないと考えられています。運動直後であっても血流が保たれ，高強度の運動の後でも 90 分以内には血中乳酸値は安静時のレベルにもどるため，血中乳酸値の早期回復はあまり重要ではないのかもしれません。

　運動後にコンプレッション・ソックスを着用することで，リカバリーが向上するかどうかに関しても，いくつかの研究が行われています。ヴァネサ・デイビスら（Davies, Thompson, and Cooper 2009）は，ネットボール選手とバスケットボール選手を対象に，プライオメトリック・エクササイズ後に 48 時間コンプレッション・タイツを着用した際の効果に関する研究を行いました。その結果，着用の有無によるパフォーマンスの効果については，有意な差が見られませんでした。ただ，タイツを着用したグループは，痛みが少なかったと報告されています。また，対象者の多くが，普段からトレーニング中にコンプレッション用品を使用していました。

以上のような事例から得られたエビデンスは，リカバリーのためにコンプレッション・ソックスが有効であることを支持しています。また実際，多くのエリート・アスリートがコンプレッション・ソックスを着用しています。運動中にコンプレッション・ソックスを着用してもパフォーマンスには違いがみられませんでしたが，リカバリーのためには役に立ったということを感じているランナーもいます。彼は，リカバリー・スナックを準備している間にすぐコンプレッション・ソックスを着用し，2～4時間は着用するそうです。また，あるウルトラ・ランナーは，ウルトラマラソン中と後に常にコンプレッション・ソックスを着用しています。コンプレッション・ソックスを着用することで，下肢から心臓までの循環が向上するように感じ，そのためむくみもなく，わずかな痛みも感じないとのことです。

　生理学者のスティーヴン・マクレガーは，市販されているコンプレッション・ソックスのいくつかは，実際に運動後に足をゆっくり休ませることができない人の役に立っていると言います。

　さらに，コンプレッション・ソックスは遠征で移動する際にも役立ちます。飛行機で長時間移動する場合は，常にコンプレッション・ソックスを使用するアスリートもいます。

　結論としては，ソックスを着用することが心地よいと感じられるのであれば，使用するとよいでしょう。ソックスの着用は，リカバリーには役立ちます。しかし，レース中に着用することに価値があるかどうかについては，自分で判断してください。

クリーム

　ベン・ゲイ，アイシー・ホット等々，アスリートが筋に塗るクリームや塗り薬は多くの種類が販売されおり（**図 12.2**），軽い痛みを抑えるためなどに使用されています。したがって，それらの使用目的は，純粋にリカバリーのためというよりも，治療が目的になります。それらの効果は通常，神経末端へ働き，痛みを拡散させることです。製品の多くにはウィンターグリーン・オイルが

第 12 章 セルフリカバリー法

含まれているため，使用する際には注意が必要です。ウィンターグリーン・オイルの有効成分であるサリチル酸メチルには，抗炎症性の特性がありますが，非常に大量に用いると致命的になることがあります。

クリームを皮膚に擦り込むことは，マッサージと同様，気持ちがいいものです。またマッサージの際，香料入りのオイルを用いて快適な経験をしたことがあるかもしれません。香料入りのオイルは，薬用ローションと違って肌がチクチクしたりヒリヒリすることはありません。ラベンダー・ローションはいい香りで，アロマセラピーの専門家は，その香りにはリラックス効果があると言います。

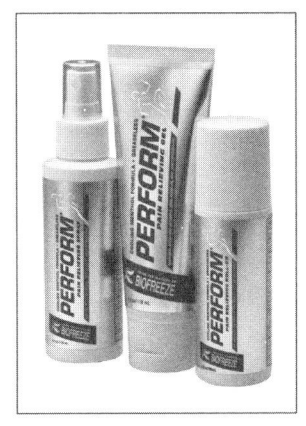

図 12.2 多くのアスリートが軽い痛みなどのためにクリームや塗り薬を使用します。

アルニカマッサージ・オイルは，ホメオパシー療法に使用され，クリーム状のものとジェルのものがあり自然食品店で入手できます。無作為化二重盲検試験で，アルニカの使用によって打撲傷や小さな腫れの治癒が早まる効果が示されたという報告もありますが，効果が見られないという報告もあります。

軽い痛みのためにアルニカを使用しても害を被ることはないでしょう。しかし，痛みが軽いといえる範囲を越えたり，身体の片側や特定の部位に痛みがあるときは，トレーニングをやめて，医療の専門家に相談をするべきです。同様に，痛みのために外用の鎮痛剤を繰り返し使用しているようであれば，痛みの原因を調べるために医療の専門家を訪ねましょう。

結論としていえることは，これらの製品を自分の身体に使用する際には，サプリメントと同様，十分に慎重でなければならないということです。多くの製品が政府の機関によって規制されておらず，WADA で禁止されている物質が含まれている場合もあります。もし薬物検査を受けなければならない場合はもちろん，自分の健康のために使用するだけであっても，摂取するか塗布するかにかかわらず，すべての製品に対して十分に注意をしてください。

エプソム塩

　エプソン塩（硫酸マグネシウム）入りの風呂にはいろいろな効果があります。もちろんエプソン塩が入っていない風呂にも同様の効果があります。風呂に入ることで身体にかかる水圧が，むくみを軽減するのに役立ちます。さらに塩類を加えることによって，風呂のなかでの浮遊感が高まります。温かい風呂に入ることでリラックス効果が得られますが，エプソム塩やよい香りのするバスソルトを加えることで，リラックス効果がさらに高まります。できれば照明を暗くし，ろうそくの光のなかで，静かな音楽を聞きながら，風呂にゆっくり浸かるといいでしょう。ただし，エプソム塩を加えることで，リカバリー効果が得られるかどうかについては，議論の余地があります。

　硫酸マグネシウムは抗炎症性作用があると言われていますが，単にそこに浸かるだけで，どの程度の効果が得られるかは，その人の吸収状況や代謝状況によって異なります。エプソム塩に含まれるマグネシウムで皮膚から吸収されるものもあります。2006年にローズマリー・ウエアリング博士が行った研究では，エプソム塩を入れたホットバスに1回12分間入った対象者の硫酸マグネシウムレベルが増加したことが示されました。

　風呂に1～2カップのエプソム塩を入れる程度であれば，人体への悪影響はないでしょう。ドラッグストアでノーブランドのものを買えば，経済的にもそれほどの負担にはならないでしょう。香りつきのバスソルトを楽しみたい場合は，市販の商品を購入してもいいですし，自然食品店などで乾燥したラベン

クイックヒント………

- ▶ 圧縮力が，段階的に足関節のほうが強く，ふくらはぎのほうがゆるくなっているコンプレッション・ソックスを使用しましょう。
- ▶ リカバリー用コンプレッション・ウエアは，50回洗濯するか1年間使用したら交換しましょう。
- ▶ 痛みを抑えるために，塗り薬をよく使用しているようであれば，バイオメカニクス的に正しい運動をしているか，運動と休息の比率が正しいか確認しましょう。
- ▶ リカバリーに対するエプソム塩の効果は明らかにされていませんが，温浴にはリラックス効果があります。

ダーやバラのつぼみを購入しエプソム塩に加えることで,自分の好みにブレンドすることができます。

参考・引用文献

Ali, A., M. P. Caine, and B. G. Snow. 2007. "Graduated Compression Stockings: Physiological and Perceptual Responses During and After Exercise." *Journal of Sports Sciences* 25: 413-419.

Davies, V., K. G. Thompson, and S.-M. Cooper. 2009. "The Effects of Compression Garments on Recovery." *Journal of Strength and Conditioning Research* 23: 1786-1794.

Kemmler, W., S. von Stengel, C. Ko¨ckritz, J. Mayhew, A. Wasserman, and J. Zapf. 2009. "Effect of Compression Stocking on Running Performance in Men Runners." *Journal of Strength and Conditioning Research* 23: 101-105.

Lawrence, D., and V. V. Kakkar. 1980. "Graduated, Static, External Compression of the Lower Limb: A Physiological Assessment." *British Journal of Surgery* 67: 119-121.

Sperlich, B., M. Haegele, S. Achtzehn, J. Linville, H.-C. Holmberg, and J. Mester. 2010. "Different Types of Compression Clothing Do Not Increase Sub-maximal and Maximal Endurance Performance in Well-Trained Athletes." *Journal of Sports Sciences* 28: 609-614.

Terblanche, E., and M. Coetzee. 2007. "The Effect of Graded Compression Socks on Maximal Exercise Capacity and Recovery in Runners." *Medicine and Exercise in Sport and Science* 39: 350.

Waring, R. H. 2006. "Report on Absorption of Magnesium Sulfate (Epsom Salts) across the Skin." Available at http://www.epsomsaltcouncil.org/articles/report_on_absorption_of_magnesium_sulfate.pdf.

13 | リカバリーのために用いる機器

第12章で述べたセルフリカバリーのためのものとは別に、主に臨床の現場で使用される機器をリカバリーに用いる場合があります。超音波装置と電気刺激装置は、主に損傷後のリハビリテーションに使用されていますが、一般的なリカバリーの手段として用いているアスリートもいます。

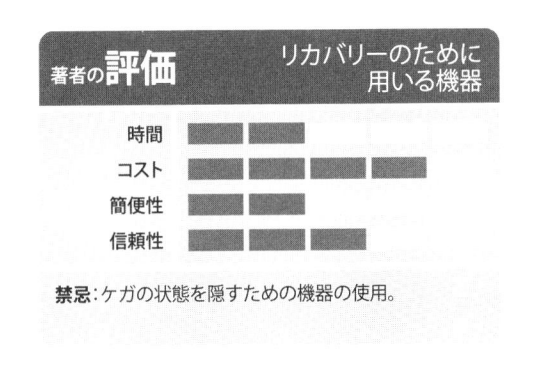

| 著者の**評価** | リカバリーのために用いる機器 |

時間
コスト
簡便性
信頼性

禁忌:ケガの状態を隠すための機器の使用。

超音波装置

研究では、スポーツ損傷に対する治療に、超音波装置を使用する利点については、結論が出ていません（Anderson 年代不明）。2004年のウィルキンらの研究では、筋挫傷後に超音波装置を利用しても、回復が早まらないことが示されました。超音波治療を受けると筋に対して心地よい感覚が得られるため、アスリートはそれをよくなったと勘違いし、早すぎるタイミングでトレーニングなどに復帰してしまうことがあるため、注意が必要です。接触や転倒によるものは別にして、持久性のアスリートがトレーニング中に筋挫傷を受けること

はありません。筋のリカバリーに超音波を使用することについての研究では，否定的な結果が得られているにもかかわらず，好んで超音波機器を使用するアスリートがいます。超音波機器をよく使用しているようであれば，オーバーユースによるケガが悪化していないかを考えるべきです。運動を過剰に行っていないかトレーニング日誌をよく見てみましょう。

電気刺激

電気刺激装置は，電極を接続するワイヤーと中央のユニットから構成されています（図 13.1 参照）。

使用方法は，筋に電極を貼り，神経へ電気刺激を送り，筋を収縮させます。それは受動的なアクティブ・リカバリーといえる状態になります。「アクティブ・リカバリー」は，エンドルフィンを放出し，筋をリラックスさせ，血流を増加させることにより，毒素をより早く除去することを目的とします（注：第14章で述べますが，マッサージにおいて使われる「毒素」という言葉には，あらゆるものが含まれます。また，「毒素」とみなされる多くのものが，リカバ

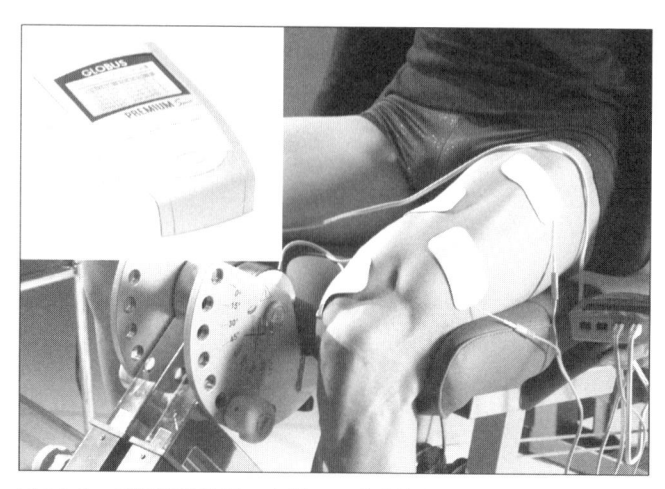

図 13.1 電気刺激装置の本質は，受動的なアクティブ・リカバリーです。

リーによって自然に改善するものと考えられています）。2007 年，A. グルノヴァスらは，電気刺激が心臓への血液の循環を改善させ，かつ筋の作業能力を回復するため，持久性アスリートのリカバリーの方法として有効であることを見出しました。同様に，2008 年，イタリアのテッシトーレらは，リカバリーのために電気刺激を受けたフットサル選手は，受けていない選手よりリカバリーの感覚が有意によかったことを報告し，次のゲームへの熱意がより高まるであろうことを示唆しています。一方，多くのエリートアスリートが，筋に対する電気刺激の効果についてコメントしていますが，パッドを指定されているところに貼るのに時間がかかるなど，機器の扱い方が煩雑すぎると言うアスリートもいます。私自身も実際に電気刺激装置を試してみましたが，ほかの方法に比べて筋のリカバリーの状態がよかったとは感じませんでした。確かに電気刺激装置は治療に役立つかもしれません。しかし，20 分間泳いだり，自転車に乗ったり，歩くことができる健康なアスリートであれば，筋を活性化させるためには，電気刺激装置を使用するよりも実際に運動をしたほうがいいのです。ただし，電気刺激装置によって何らかの効果があったかどうかにかかわらず，電気刺激を受けている間は座っている必要があるため，トレーニングで疲れきった後，リカバリーのためにソファーでゆっくり休む時間をとるのには役立ちました。

　重要なことは，電気刺激装置は数多く販売されていても，その効果についての科学的な根拠はあまりないということです。最も重要なリカバリーの手段は，十分な休息と睡眠，正しい食事をとることです。電気刺激装置を購入するお金や電極を貼る時間があるのであれば，試してみるのもいいでしょう。しかし，必ず最初に十分な休息と健康によい食事をしてください。そうすれば，よりよいトレーニングができるようになります。

ノーマテック MVP

　ノーマテック（NormaTec）は，もともと血管疾患患者のリハビリテーションのためにローラ・ジェーコブ博士が製作した圧迫装置で，後にスポーツの

リカバリーに用いられるようになりました。この装置は，四肢（腕や下肢）のためのスリーブとコンピュータで制御される圧縮器で構成されています（図13.2）。これは，アスリートが休んでいる間に，特別な蠕動性（波状パルス）の動的圧縮を四肢にあて，血液循環を最大限にさせるためのシステムです。

　生理学者のビル・サンズは，効率のよいトレーニング，休息，よい食事は別として，NormaTec MVP プロは，利用できる最良のリカバリー手段であると言います。NormaTec MVP プロによる動的圧縮は，コンプレッション・ウエアによる静的圧縮よりリカバリーを向上させる効果が高いことが明らかにされています。動的圧縮は，浮腫などで腫れた組織からリンパ液を押し出すことに役立ち，蠕動性の圧縮により炎症が減少します。しかし，NormaTec MVP プロは，足先や手先までを網羅できません。さらに，マッサージによって気分はよくなりますが，パフォーマンスを向上させることはありません。

　長時間にわたるきついトレーニングの後に，リカバリーのためにアイスバスに浸かった後，NormaTec を使用するプロのトライアスリートもいます。それによって脚が圧迫されて，拍動が感じられるようになり，脚の血流がよくなって，誰かに脚をマッサージしてもらっているように感じるそうです。これについては，ほかにも同じ意見のアスリートがおり，MVP システムはこれまで使用した最良のリカバリー手段で，きつい運動の翌日に脚がリカバリーできているのは驚くほどだと述べています。すべての運動の後に 10～15 分アイシングをして，運動をした時間によって，15～60 分程度 MVP システムを使用してすることを習慣にしているようです。

図 13.2　NormaTec は**動的圧縮装置**です。

　アメリカオリンピック委員会は 2010 年の冬季オリンピックのとき

第 13 章　リカバリーのために用いる機器

> **クイックヒント**………
>
> ▶ 超音波および電気刺激の効果についての科学的な検証は十分ではありません。高価な技術をたよりにするよりも，より良いトレーニング，十分な栄養補給および適切な休息を優先しましょう。
> ▶ 超音波装置による治療が必要な部位があるようであれば，オーバーユースによるケガやオーバーユースの初期段階ではないか確認しましょう。
> ▶ NormaTec の蠕動性の動的圧縮は，リカバリーに効果的ですが，機器は非常に高価です。

に，NormaTec プロ・システムを 40 台以上持っていきました。また，アイアンマン世界チャンピオンなど，多くのアスリートが，同じ装置を使用しています。しかし，MVP プロは非常に高価なので，多くのアスリートには手が届きません。2011 年に姉妹機の NormaTec MVP が販売され，価格的には一般のアスリートにも求めやすくなりました。2 つの機種の最も大きな違いはカスタマイズとプログラミングです。プロ・システムは，圧力をかけるタイミングと 5 つの部位の個々の圧力を調整することができますが，新しい MVP のモデルは全体的な圧力の調整しかできません。

プロからアマチュアまで多くのアスリートがその利点について話してくれているので，最終的な結論としていえることは，これらの機器を使用できる機会があれば，使用したほうがいいでしょうということです。

参考・引用文献

Anderson, O. N.d. "Heat Therapy and Ultrasound." Available at http://www.sportsinjurybulletin.com/archive/heat-therapy-ultrasound.html.

Grunovas, A., V. Silinskas, J. Poderys, and E. Trinkunas. 2007. "Peripheral and Systemic Circulation After Local Dynamic Exercise and Recovery Using Passive Foot Movement and Electrostimulation." *Journal of Sports Medicine and Physical Fitness* 47: 335-343.

Tessitore, A., R. Meeusen, R. Pagano, C. Benvenuti, M. Tiberi, and L. Capranica. 2008. "Effectiveness of Active Versus Passive Recovery Strategies After Futsal Games." *Journal of Strength and Conditioning Research* 22: 1402-1412.

Wilkin, L. D., M. A. Merrick, T. E. Kirby, and S. T. Devor. 2004. "Influence of Therapeutic Ultrasound on Skeletal Muscle Regeneration Following Blunt Contusion." *International Journal of Sports Medicine* 25: 73-77.

14 マッサージ

マッサージはアスリートに人気のあるコンディショニング法であり，リカバリーの方法として最初に思いつくものの1つです。この章では，マッサージの正しいやり方はどのようなものか，どのような効果があるのか，適切なマッサージとはどのようなものか，マッサージを受ける適切な時間はいつか，最良のセラピストを見つけるにはどうしたらいいかなどについて考えていきます。

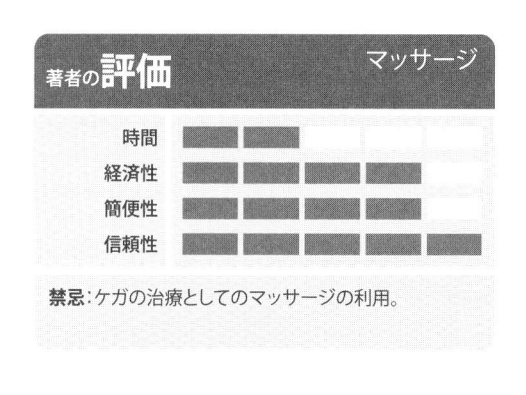

著者の評価 マッサージ

時間	■	■			
経済性	■	■	■	■	
簡便性	■	■	■	■	
信頼性	■	■	■	■	■

禁忌:ケガの治療としてのマッサージの利用。

生理学的効果

マッサージはリカバリーのために役立つのでしょうか。もしマッサージを受けた経験があれば，おそらく「はい」と答えるでしょう。マッサージの効果の多くは数値化できませんが，直接リカバリーに影響を与えています。マッサージを受けている間は，トレーニング，仕事，家族などから離れることができます。マッサージによって，深いリラクゼーション状態になることができ，血

圧が下がり，情緒が安定し，心身ともに幸福感が得られるため，瞑想的な効果もあります。

ポーンハッシャニー・ウィーラポンら (2005) が指摘するように，マッサージは副交感神経系にプラスの効果があり，それによってリカバリーにつながります。副交感神経系が優位になると，より望ましいリラクゼーション感と幸福感が得られ，身体はリカバリーのために最適な状態になります。

研究報告では，マッサージの有効性に関してさまざまな結論が導き出されています。2006年のNCAAディビジョンIのバスケットボール選手とバレーボール選手を対象にした研究では，マッサージが遅発性筋痛 (DOMS) の減少に有効であったことが示されました。さらに，対象者が痛みを軽減するためにマッサージを受けた後，垂直跳びと敏捷性のテストでパフォーマンスが向上したという報告もあります。しかし，筋の痛みが弱くなった後でも遅発性筋肉痛の影響は残るという指摘もありますので，これにはマイナスの面がある可能性もあるので注意が必要です。例えば，アスリートは，すぐにでも激しいトレーニングにもどりたいという誘惑に駆られ，その結果，ケガを引き起こしてしまう場合があります。2008年のベストらによる広範囲にわたるレビューには，マッサージが運動後の筋のリカバリーに有用であるかどうかという研究も含まれていました。それによると，多くのマッサージ手技が存在しているにもかかわらず，その効果が測定されていないことが問題だと指摘しています。そのため，例えば，マッサージのタッチの技術や強度に関する無作為化比較試験や，マッサージのリカバリーに対する効果を点数化して検証することなどの必要性を述べています。すなわち，これまでの研究では，マッサージの理想的なタイミングや頻度を規定できていないため，自分自身の経験から検証していく必要があるわけです。

循環に対する効果

マッサージに関する研究では，循環に対する効果については，異なる結果が示されています。最近，クイーンズ大学で行われた研究では，マッサージによって筋への血流が減少したことが示されました (Wiltshireら2010)。その研

第14章 マッサージ

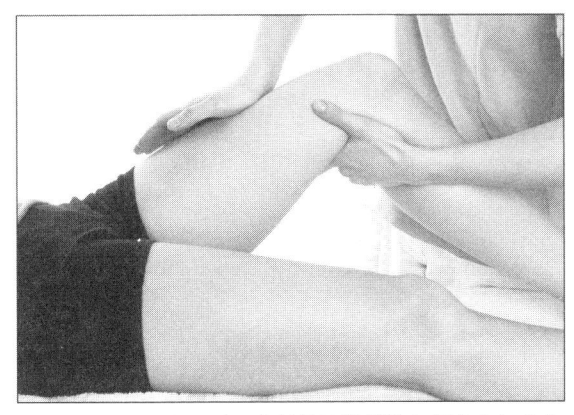

図 14.1 マッサージの有効性は科学的に明らかにされていませんが，多くのマッサージ・セラピストは循環を促進すると信じています。

究では，運動後にマッサージを受けた人は，ただ休息をした人（受動的リカバリー）やアクティブ・リカバリーをした人よりも血液循環が少なかったことが示されました。

しかし，マッサージ・セラピストは，マッサージは循環を助けると主張しており，過去の研究ではそのことが支持されています（**図 14.1**）。多くのランナーと仕事をしているマッサージ・セラピストのレア・カンガスは，「マッサージによって血液循環はよくなる。その血液が治癒と修復のために身体全体に栄養分を運び，老廃物を運び去る」と説明しています。マッサージは，体内のリンパ液の移動も助けます。手でマッサージすることで血液やリンパ液の循環が促され，リカバリーのスピードを早める可能性があります。このような目的のために行うマッサージは，足やふくらはぎなど身体の遠位から中心へ向けて，長く滑らせるように行います。

古くは，運動後の痛みは運動中に生成される乳酸が原因で起こると考えられていました。そのような考えのもとで，マッサージは，筋からの乳酸の除去を助けるとされていました。近年の研究では，乳酸は運動後，筋からきわめて早くなくなり，痛みの元凶ではないことが明らかにされています。イギリスの

研究では，マッサージによって血液循環が減少し，運動後の筋からの乳酸除去が遅くなったことが示されています。マッサージによって「毒素を洗い流す」，つまり老廃物を排出させ，細胞を修復することでリカバリーの役に立ちます。毒素という言葉には，いわれのない恐怖を覚えます。多くのセラピストが，身体の老廃物を「毒素」と表現し，「毒素を洗い流すのに多量の水を飲みましょう」と忠告します。水を飲むこと自体は，アスリートに対してよいアドバイスですが，水を飲むことで毒素が洗い流されるわけではありませんので，この忠告は無視してもよいでしょう。

　マッサージの効果には，まだ不明なところがあるのです。マッサージ・セラピストのパット・アーチャーも，マッサージの有効性について述べていますが，正確な理由は明らかでないことを認めています。彼女は，「多くの人がマッサージの効果を認めてるが，正確なメカニズムについては知らない。マッサージは，乳酸や循環不良によるものでもなく，活動によって生じた筋の緊張を軽減したり，微細損傷の炎症過程をコントロールしてくれる。つまり，リカバリーとして行うマッサージは，運動後の筋の緊張を減らすために行うのである」と言っています。アーチャーは，アスリートのリカバリー時間を短縮するために，マッサージとリンパ系の循環を促すことを目的とした方法を組み合わせることを推奨しています。

癒着の除去

　定期的なマッサージによって，トリガーポイントを緩和し，筋けいれんや拘縮（スパズム）を減少させることができます（**図 14.2**）。さらにコラーゲンの配列を整え，筋由来の癒着を予防し，筋繊維の伸張と収縮に備えることができます。

　癒着とは，瘢痕組織のことで，トレーニングやケガによって組織が破壊されたときに，筋膜などの結合組織に見られます。マッサージ・セラピストのレア・カンガスは，人体における筋膜と筋肉の関係をオレンジを例にして，「それぞれの筋繊維は，ちょうどオレンジの1房のように，独自の小さな筋膜で覆われている。そして，オレンジの実が区分けされているように，個々の筋肉も

第14章　マッサージ

同じように区分けされている。さらに，個々のオレンジの房が，皮をむいたなかにある白い部分に包まれているのと同じように，すべての筋と臓器も皮膚に包まれている。これらの筋膜層の一部が互いに付着して動けなくなった状態が癒着である」と説明しています。急性のケガの場合には，癒着が損傷した部位の周囲に構造的な修復をもたらすために必要なものです。しかし，筋膜層などが瘢痕組織になり動かなくなってしまうと，可動域が制限されてしまいます。マッサージによって，可動域制限が改善され，筋や腱を正常に働かせることが可能になります。

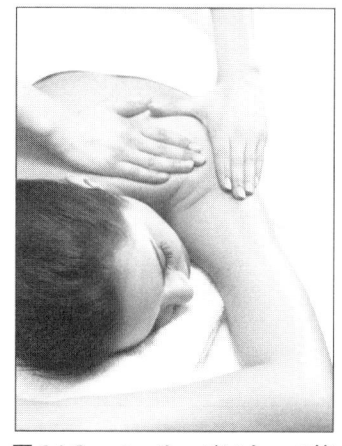

図14.2　マッサージによって筋けいれんと拘縮を軽減させることができます。

　ケガをした部分が治癒し，同時に動きも改善したら，身体が十分な可動域を取りもどした状態と言えます。ケガからの適切な治癒過程として瘢痕組織が形成されますが，マッサージすることによって，瘢痕組織が必要なくなったときに，すみやかに消失します。

セルフ・マッサージの限界

　経験豊かなマッサージ・セラピストは，セルフ・マッサージでは対処できない問題に対処することができます。それはより必要な部位にターゲットを絞ったアプローチが可能になるからです。多くのランナーを見ているキャロリン・レヴィーは，「マッサージ・セラピストは，組織が必要としている圧のレベルや，組織に対するアプローチ方法がよくわかっているため，セルフ・マッサージよりも効果的である」と言っています。第15章で述べるように，セルフ・マッサージも有用ですが，セルフ・マッサージではなおざりになってしまったり，手が届かずにマッサージできない場所も多くあります。ローラーなどのセルフ・マッサージ用具を使用しても，熟練したマッサージ・セラピ

ストの手と同じように筋繊維をなぞることはできません。

　定期的にマッサージ・セラピストを訪ねることで，マッサージ・セラピストは身体の状態を知り，何らかの変化があったときに知らせてくれます。筋が特に緊張していたり疲れていると感じたら，それは障害のはじまりかもしれません。セラピストの言うことに耳を傾けましょう。マッサージ・セラピストは，アスリートにとって外部からのフィードバックを与えてくれる有用な情報源です。オーバーユースによる障害の徴候など，自分自身ではわからないことをみつけてくれます。

　ハワイ・アイアンマンで2度優勝したティム・デブームは，きちんとしたマッサージには効果があると断言します。

> 　1994年に，私は自動車に衝突し背骨を折りました。リハビリ中に，死んだも同然の私を蘇らせてくれたマッサージ・セラピスト／理学療法士と治療をはじめました。私は16年間同じセラピストにマッサージをしてもらっています。彼女はトレーニングや競技後のリカバリーになくてはならない存在です。私は，深部のマッサージを週に1〜2回行います。さらに，ちょっと気になるところがあれば，部分的なマッサージもしてもらっています。私は一貫して同じセラピストにマッサージしてもらっているおかげで，筋力が落ちたりケガをしたりすることがありません。

　デブームは，2001年のコナでのレースの前に，マッサージ・セラピストから「勝つ準備ができている」というお墨付きをもらい，確かに勝つことができました。このような外部の人による観察は，パフォーマンスを飛躍的に向上させるために必要な自信を与えてくれます。これは，マッサージには，生理学的な効果だけでなく，心理学的な効果もあることを示す一例でしょう。

心理学的効果

リラクゼーション

　2000年，イギリスのヘミングスらは，ボクサーの運動と運動の間におけるリカバリーに対するマッサージの効果を検討しました。身体的な検査では結果が明らかになりませんでしたが，マッサージを受けた選手は，リカバリーに高い効果があったと言っていました。身体的な効果がないとしても，リカバリーに対する効果を得られるかどうかが重要です。マッサージは，リラックス感や幸福感を与えてくれるため，アスリートの感覚的なリカバリーに対する効果があります。

　確かにマッサージの後は気分がよくなります。また，感覚はリカバリーの大きな部分を占めます。筋の緊張や精神的な緊張を減少させることは，リカバリーやトレーニングのためにもなります。自分の身体や呼吸に焦点を当てるために時間を割くことでリカバリーを向上させることができるならば，経済的にも価値があるでしょう。マッサージ室は，スマートフォンやコンピュータ画面から離れ，仕事や家族からも離れられる，素晴らしい場所です。自分だけの空間で，何者にも邪魔されない時間を過ごすことができるため，その後のトレーニングを効率よく行うことができるようになります。

コンディショニングとしてのマッサージ

　マッサージ・セラピストとアスリートは，セラピストがアスリートをサポートする立場ですが，互いが尊敬しあう関係にあります。このような関係は，思いやりのあるタッチやアスリートとセラピストとの会話を通じてできるようになります。

　私は，毎月マッサージを受ける前に，マッサージ・セラピストと30分ほど話をします。セラピストは，私の身体に何が起こっているかを尋ねますが，それはいつも日常生活で何が起こっているかについての話題にまでなります。本を書いている時間が増えると，トレーニングに集中しているときとは違う問題が身体に発生します。ヨガを教えているときと，ほかの作業でストレスを

感じているときでも，異なるニーズがあります。私のセラピストは，「マッサージ」にとどまらない，価値のあるアドバイザーなのです。

　自転車競技では，支援をしてくれるマッサージ・セラピストと一緒に遠征をする伝統があるため，セラピストとアスリートの関係は特に重要です。2008年夏季オリンピックに帯同したマッサージ・セラピストは，マッサージをしながら，欲求不満のはけ口を探していたある選手の話を聞くことで，その選手の問題を解決することができたそうです。

　多くのプロ・アスリートが日常的にマッサージ・セラピストのところへ訪れ，また遠征にも頻繁にマッサージ・セラピストを帯同させることを考えると，トレーニングやリカバリーのためにマッサージが重要であることがわかります。もし無制限にお金を使えれば，マッサージ・セラピストを常に雇い，走るたびごとにその前後にマッサージを受けるであろうという，ランニングコーチもいます。

マッサージの種類

　アメリカでは，主にスウェーデン式マッサージと深部組織へのマッサージの2つが行われていますが，もちろん，この2つは重なり合う部分もあります。その他，マッサージを補うアプローチに，筋膜リリースがあります。また，ストラクチュラル・インテグレーション（構造的身体統合法），パートナーストレッチングや鍼治療，指圧，気功など東洋医学的なものもあります。

スウェーデン式マッサージ

　スウェーデン式マッサージは，通常，深部組織のマッサージよりは軽い圧を用います。スウェーデン式マッサージの主な動きは，長く滑らせるストロークで，揉むこと，軽く叩くこと，筋をふるわせる（振せん法）方法になります。そのストロークの一般的な働きは，身体の末梢から心臓へ向って，血液の流れ

を良くすることです。

　スウェーデン式マッサージは，深部組織へのマッサージより軽いタッチで行われるので，トレーニング期間中でも行うことができます。つまり，スウェーデン式マッサージは激しいトレーニング中でも，さらに試合の前後などにも受けることができます。

深部組織へのマッサージ

　深部組織へのマッサージは，筋の深部組織，筋膜，結合組織などに作用します。深部組織のマッサージの圧は，セラピストのアプローチ方法だけでなくマッサージを受けるアスリートが何を望んでいるかによっても変わります。

　深部組織のマッサージを受けると不快感を感じたり，筋肉痛を引き起こす場合があります。そのため，マッサージを実施する際には，パフォーマンスに悪影響がないように，目標にしている試合やレースから十分に時間をあけて行うべきです。通常，5日以上あければ十分でしょう。深部組織のマッサージを受ける際には，自分の経験を素直にマッサージ・セラピストに伝えるようにしましょう。アスリートは筋に不快な状態が残ることには慣れていますが，これは決してよいことではありません。マッサージ中に息を止めるほど我慢が必要な場合は，そのことを遠慮なく伝え，より軽いタッチでマッサージしてもらうようにしましょう。

　深部組織のマッサージやスウェーデン式マッサージを専門とするセラピストを見つけようとした場合，ほとんどのセラピストは両方のマッサージの訓練を受けているので，どちらかにしなくてはならないということはありません。よいマッサージ・セラピストは，自分の経験を活かして身体が最も必要としているマッサージを提供してくれます。また，マッサージを受ける側としても，どんなマッサージが効くかなど，遠慮せずに自分の経験をしっかりと伝えるようにしましょう。

その他のコンディショニング法

　その他のコンディショニング法によって，マッサージやトレーニングを補

完することができます．ここで紹介する技術は，身体に重大な影響を与えることがあるため，ケガに対処しなければならないときやオフシーズンに実施するようにすべきです．

パートナーストレッチング

　パートナーストレッチングとは，アスリートがすべての関節可動域にわたってストレッチできるよう，治療家がサポートして補助するものです．経験を積んだ治療家が，パートナーストレッチングによって身体の不均衡および不完全な動きのパターンをチェックし，筋膜リリースをすることでアスリートの身体をよりよい状態に調節します．例えば，マット・メソッドおよびウォートンのアプローチは，両方とも筋の促通を目的としたストレッチングのバージョンです．タイのヨガ・マッサージはまた別の例です．

筋膜リリース

　筋膜リリースは，治療家が筋膜に的を絞った優しいタッチと，長い時間つまむことによって，筋膜の外側から身体をコンディショニングする方法です．この方法は，オーバーユースによる障害に対しては効果があるので，リカバリーのためというよりも身体の不具合に対するリ・コンディショニングのためのものになります．

ストラクチュラル・インテグレーション：構造的身体統合法（ロルフィング）

　ストラクチュラル・インテグレーション（ロルフィング）は，アメリカの生理学者アイダ・ロルフが考案した整体マッサージ療法です．筋膜リリースと同じように，身体のアライメントをよりよい状態へと調整することを目標としますが，筋膜リリースより深いタッチを用います．マッサージ・セラピストのレア・カンガスは，「ストラクチュラル・インテグレーションは，身体の深部にまで及ぶため，しばしば身体に大きな変化が起こる．もしストラクチュラル・インテグレーションを行う場合は，オフシーズンや長いリカバリーの期間に受けることをすすめる．この方法は，激しいトレーニングをしていなかっ

たとしても身体に変化を生じさせるほどのものである。一見,リカバリーの助けとなりそうであるが,そんなことはなく,むしろ激しいトレーニングをしているようなものである」と言っています。

　治療家によって,この治療で有名なアイダ・ロルフによって提唱された10の治療方法をすすめたり,個々のニーズに応じて取り組んだりすることがあります。いずれにしても,ストラクチュラル・インテグレーションのような深いタッチの方法は,シーズンオフ,つまり最も目標としている試合などから時間をあけた時期に行ったほうがよいでしょう。

東洋医学的方法
　指圧,鍼治療,気功などは,科学的によく研究されておらず,リカバリーに有効かどうかは明らかになっていません。これらの東洋医学的な方法に接する機会があれば,試してみてもいいでしょう。単に自分が健康で満足できる状態を保つように努力をするだけでも,リカバリーを向上させるのです。

いつマッサージを受けるか

　私は本書の執筆をする際,2ヵ月間,毎週マッサージを受け,週に2回以上受けたときもありました。特に仕事のストレスが蓄積したときには,マッサージの効果を素晴らしく感じました。おそらく月に1〜2回のマッサージだけでも同様の効果は得られたでしょう。多くのアスリートが,どれくらいの頻度でマッサージを受けたらいいのか,また定期的なマッサージを受けていない場合は,いつ受けるのがいいのか悩んでいると思います。マッサージを受けるタイミングは,シーズンにどれくらい近づいているのか,そして重要なトレーニングやレースにどの程度近づいているのかによって変わってきます。

シーズン中に受ける
　どの程度の頻度でマッサージを受けることができるかは,自分自身の予算によって決まります。週に1度くらい受けられれば理想的ですが,おそらく月

に1度でも十分でしょう。マッサージは，休息している週のどこか，あるいはトレーニング負荷が少し軽くなった期間に予定すればいいでしょう。マッサージを受けた翌日に身体が痛かったりだるく感じることがあるので，長時間の運動や激しい運動が予定されている場合には，その日程からは離して予定を組んでください。

　私は妊娠中，産婦人科への診察に合わせて，定期的にマッサージを受けました。最初は，月に1回の診察の日にマッサージを受ける日を合わせていました。出産の予定日が近づくと3週に1回，さらに近づくと2週に1回，そして出産するまで毎週マッサージを受けに行きました。出産が近づくにつれて，マッサージの頻度はどの程度増減させるのか，あるいは強度はどうするのかといったことを考えなくてはなりませんでした。そのためには，いままでのマッサージがどのような効果をもたらしてくれていたのかを感じとることが必要になります。つまり，ただマッサージを受けているだけでなく，マッサージによってどのような変化が身体に起こっているか，マッサージを受けている本人が気づかなければならないのです。また，妊娠中の女性の特別なニーズに精通しているセラピストを探すのと同じように，アスリートのニーズに精通しているセラピストを探すべきです。

　定期的なマッサージを受けていない場合は，重要な試合などに近い時期には予定しないように注意してください。カンガスは「マッサージを受けたことがない人が，レースの前の週にマッサージを受けに来るのをよく見かける。それは効果があるかもしれないが，本当にそのマッサージが適しているかわからないので，プラスにもマイナスにもなる可能性がある。誰しもレース直前には身体に大きな変化を与えたいとは思わないだろう」と説明しています。理想的には，マッサージはトレーニングの休息期間あるいはレースから時間をあけた時期に予定したほうがよいでしょう。そうすることで，すでにストレスにさらされている組織をさら悪化させることがなくなります。

レースの前後に受ける

　目標にしているレースや試合などが間近に迫ったときは，試合のスケジュ

第14章 マッサージ

ールによって，受けるマッサージの種類を変えるべきです。言い換えると，レースまでまだ時間がある場合には，より深いマッサージを受けることができますが，試合などが近づいてくるとともに，軽いタッチのマッサージにすることが重要になります。

マッサージ・セラピストのキャロリン・レヴィーは，重要な試合などの前後にマッサージを受けるタイミングをいくつかに分けています。まず，試合直後から3週間は，「すべての問題を解決するために」徹底的なマッサージをすすめます。「深くてゆっくりとした」マッサージは，試合終了2～3日後から行えます。マッサージ後は，夜寝る前にアイスバスに入るよう指示します。また，翌日は少しだるく感じる可能性があることをアスリートに警告しますが，「身体は48～72時間以内にもどる」ことも伝えます。

試合3日前には，速いペースで，より軽いタッチでマッサージを行います。この軽いマッサージは，筋繊維にそって行い，筋収縮とリフレッシュを促進させることが目的です。試合のある週に休息日がとれれば，マッサージはその日でも，その前日でも構いません。大きな大会などからは1～2日の間をあけて予定を立ててください。ティム・デブームは，「アイアンマンレースの前の最後のマッサージは，試合の4日前には行う。マッサージを受けた次の日にだるさを感じることがあるため，大きな試合前にはその感じがなくなるための時間をとっておくようにする」と言っています。

試合直後には，簡単なマッサージを行います。「気持ち良く10分ほど筋をふるわせ，少しストレッチング」をし，身体にリカバリーをはじめることを知らせます。試合後にマッサージを受ける場合は，自分の身体がどのような状態にあるかを確認してください。試合後のマッサージは，すでに炎症を起こしている組織をさらに悪化させる可能性もあります。

ただし，試合直後に，軽いマッサージを受けておくと，数日後のマッサージ効果も高くなります。この試合直後のマッサージは，リカバリーできるようなメッセージを組織に伝えるために行います。

以上の過程を踏まえることで，いつも行っている正常なマッサージ・スケジュールへもどる準備ができるでしょう。

自分に適切な方法がほかにもあるかもしれません。プロ・トライアスリートのアレックス・マクドナルドは，土曜日のレースの前の月曜日にマッサージの予定を組んでいます。そうすることで，マッサージによってリカバリーする時間を確保することができます。月曜日に深いマッサージを受けると当日と火曜日は痛みを感じますが，レースのある週末までにはなくなっています。

その日のうちに受ける

可能であれば，運動をした後，その日のうちにマッサージを予定してください。経済的に許されるのであれば，自宅にセラピストに来てもらいましょう。マッサージを受けた後もリラックスし続けることができます。

もし，運動前にマッサージを予定しなければならない場合は，その運動は簡単なものにしてください。そうしないと，おそらく運動中に通常と異なる感覚をもってしまい，よりよいパフォーマンスを発揮することはできないでしょう。

マッサージを受ける際の注意点

マッサージを受ける際の注意事項を簡単に述べます。マッサージを受けると全体的に気分がよくなるため，損傷による苦痛が一時的に緩和される可能性があります。しかし，マッサージ・セラピストは，スポーツドクターや理学療法士などと違って医療の専門家ではありません。トレーニングによって引き起こされた痛みがある場合は，必ず症状やバイオメカニクス的評価によって問題の原因を明らかにしてください。自分自身に正直に，自分のトレーニングとリカバリーにとってよいかどうかをきちんと考えてください。一時的な症状改善のための応急手当のためにマッサージを活用しないでください。

マッサージ・セラピストを見つける方法

マッサージの資格をとる方法は国によって異なり，アメリカでは州によっ

第14章　マッサージ

> **クイックヒント**
> - マッサージ・セラピストにアスリートとの仕事の経験を尋ね，自分の要望や好み，嫌いなことなどを伝えましょう。コミュニケーションが鍵となります。
> - より強力なマッサージなどをするときは，重要な試合やイベントから時間をあけてください。
> - マッサージの利点は身体的なものだけでなく，マッサージを受けることで精神的な休息が得られることです。

ても状況が変わります。アメリカのほとんどの州では開業免許が必要で，認定が必要な州もありますが，何の規制のない州もいくつかあります。インターネットで検索すると，自分の地域での法律が明らかになりますし，その地域でのセラピストを探す方法も見つけられるでしょう。ためらわずに，セラピストに資格を持っているか尋ねましょう。また，セラピストがどのくらいの時間研修を受けたかを調べてください。通常，600時間以上の研修を受けていればよいでしょう。アスリートと仕事をした経験のあるセラピストであれば，さらによいでしょう。

資格や認定を確認するだけでなく，身体のニーズやアスリートのニーズを理解してくれるマッサージ・セラピストを探してください。セラピストが自分と同じスポーツのほかのアスリートと仕事をした経験があり，できればセラピストも実際にそのスポーツをやっているのが理想的です。そのようなセラピストであれば，アスリートの身体面だけでなく，心理面でも理解して共感してもらうことができるでしょう。カンガスは，「多くのセラピストがアスリートとスポーツの動作を理解せず，しばしばセラピスト個人の考え方を押し付けてくることがあるので注意が必要だ」と言います。

自分の地域でセラピストをみつける最良の方法は，人の紹介です。自分のトレーニング仲間や地元のランニング専門店の店員，スポーツ医学の専門家などに推薦してもらうといいでしょう。しかし，それぞれの好みが異なるので，セラピストを訪れた際には，好みのマッサージの圧のタイプなど，自分の要望をはっきり伝えるようにしましょう。

マッサージの料金は地域などによって異なります。高級なスパではマッサ

ージ料金が高く，フランチャイズで展開されているような店では料金が低く設定されています。ただし，料金はマッサージの質と必ずしも関連してはいないことを忘れないでください。

ま と め

　マッサージは，トレーニング計画のなかでリラックスした楽しい部分とすることができます。予算と要望によって，たまの楽しみともなるかもしれませんし，習慣となるかもしれません。ほかの方法と同じように，自分のために，自分の予算にあった最適なものを探してください。個人的な意見としては，マッサージは毎月受けることをすすめます。トレーニングの量がピークとなる週や，レースが近づいているときには，頻繁にマッサージを受けるといいでしょう。マッサージによってセルフケアとリラクゼーションを図ることは，リカバリーのための第一歩となります。

参考・引用文献

Archer, P. 2007. *Therapeutic Massage in Athletics*. Baltimore: Lippincott, Williams, and Wilkins.
Barnett, A. 2006. "Using Recovery Modalities between Training Sessions in Elite Athletes: Does It Help?" *Sports Medicine* 36: 781-796.
Best, T. M., R. Hunter, A. Wilcox, and F. Haq. 2008. "Effectiveness of Sports Massage for Recovery of Skeletal Muscle from Strenuous Exercise." *Clinical Journal of Sports Medicine* 18: 446-460.
Hemmings, B., M. Smith, G. Graydon, and R. Dyson. 2000. "Effects of Massage on Physiological Restoration, Perceived Recovery, and Repeated Sports Performance." *British Journal of Sports Medicine* 34: 113.
Mancinelli, C. A., D. S. Davis, L. Aboulhosn, M. Brady, J. Eisenhofer, and S. Foutty. 2006. "The Effects of Massage on Delayed Onset Muscle Soreness and Physical Performance in Female Collegiate Athletes." *Physical Therapy in Sport* 7: 5-13.
Weerapong, P., P. A. Hume, and G. S. Kolt. 2005. "The Mechanisms of Massage and Effects on Performance, Muscle Recovery, and Injury Prevention." *Sports Medicine* 35: 235-256.
Wiltshire, E. V., V. Poitras, M. Pak, T. Hong, J. Rayner, and M. E. Tschakovsky. 2010. "Massage Impairs Postexercise Muscle Blood Flow and 'Lactic Acid' Removal." *Medicine and Science in Sports and Exercise* 42: 1062-1071.

15 | セルフ・マッサージ

マッサージは，リカバリーの方法として人気があり，重要な手段ですが，費用がかなり高くつきます。定期的にぜいたくなマッサージを行えなければ，セルフ・マッサージをその代わりにすることができます。セルフ・マッサージは，軟部組織の癒着，しこり，トリガー・ポイントを取り除くことに役立ち，ケガの予防にとっても重要な役割を果たします。道具を使ってストレッチをしたり，自らの手でほぐしたり，また筋を圧迫したりする方法もセルフ・マッサージとして位置づけられます。

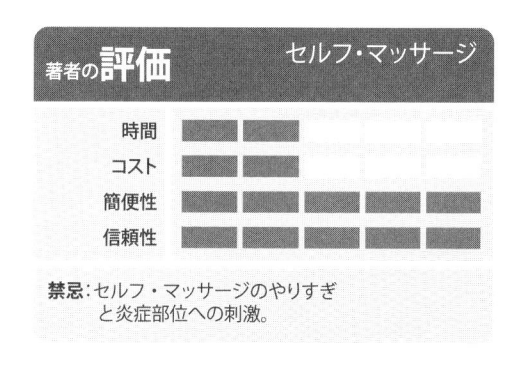

著者の評価 セルフ・マッサージ
- 時間
- コスト
- 簡便性
- 信頼性

禁忌：セルフ・マッサージのやりすぎと炎症部位への刺激。

ウルトラランナーのキース・ストローは，膝を刺激したり，足をさすったり，胸の筋肉を叩いたりと，身体の気になる部位をうまく探ることをすすめています。

身体はキネティック・チェーン（運動連鎖）として機能をしているので，セルフ・マッサージは，身体のすべてのつながりを目標にします。「フォームローラー（後述）」は，人気があり，よく使用されています。フォームローラーは，

足の裏からお尻までローラーを転がして使用します。代わりに，ゴルフボールを足に使用したり，ラクロスのボールを下腿に使用してもよいでしょう。ただし，腸脛靭帯やハムストリングスに使用する際は，特別な注意が必要です。

多くのチームにおいて，個人個人がマッサージを受けるだけの経済的余裕がないため，セルフ・マッサージをすすめています。フォームローラーによるセルフ・マッサージを最も効果的に行うためには，ローラーを動かしながら，何をやっているかを意識することです。心臓に向かって回転させ，硬いところや少し痛いところが見つかったら，10秒ほど同じ場所で回転させます。それでも変化がなければ，圧力を変えましょう。ただし，圧迫しすぎることが，常にいいことであるとは限りません。目標はリカバリーを促すためのフラッシング・アウト（静脈還流を促し疲労物質を除去する行為）をすることです。

セルフ・マッサージに使用する道具

セルフ・マッサージでは，自分の手が最も簡単な道具になります。自分の身体の気になる部位を手で触って，どうなっているか感じてみましょう。自分の身体に何が起こっていて，どのような状態にあるのかを確かめることができれば，自身の身体状況を感じることができます。筋繊維の起始部から停止部まで，どちらかの端に向ってたどります。特に痛い部分やトリガー・ポイントがあるか，圧にどのように反応するかを感じてみましょう。

筋繊維の走行に逆らって，クロス摩擦のマッサージ（按摩でいう挫手）を行うと，関節可動域を制限する癒着や瘢痕組織を改善するのに役立つでしょう。

トリガー・ポイントに対するセルフ・マッサージで使用する道具としては，フォームローラー，ビーズ付きスティック，ボールなどがあります。これらの道具から自分にあったものをみつけましょう。

フォームローラーには，さまざまな密度と耐久性のものがあります。最も単純なものは，プールで使うフローティング・ヌードルに似ていて，若干厚いホワイト・スタイロフォームローラーで，多くのところで入手可能です。フォームローラーのフォームは柔らかく，密度の高いものより軽くマッサージでき

ます。これは，価格は安いのですが，長持ちはしません。一方，密度の高いフォームでつくられているものや，まわりが硬い素材で包まれていたり，隆起したこぶ状の素材でできているものもあります。

　ビーズ付きスティックにもいくつかの種類があります。例えば，スティックに硬質プラスチックや木材でできたビーズがついているものもあります。ビーズの形と材料が使用感に影響するため，できれば購入する前に試してみるとよいでしょう。

　各種のスポーツで使用するボールは，手軽なセルフ・マッサージの道具として役立ちます。ゴルフボールや小さい硬いゴムボールは，足の裏に用いることができます。ラクロスのボールや野球ボールは，ふくらはぎや股関節深部の筋に用いるのに適しています。テニスボールは，2個のボールをテーピング用のテープでつけると，背骨の両サイドの筋をマッサージするのに役立ちます。

　トリガー・ポイント・セラピー社が，アスリートの身体のほとんどの部分に使用できる面白い形の道具を販売していまます。本章の写真では，「グリッド」という，中が空洞で硬いフォームで包まれたローラーを使用しています。「クアドボーラー」「フットボーラー」は先が細く，葉巻き形のローラーです（クアドボーラーは大きく，フットボーラーは小さい）。両端にインラインスケートの車輪がついています。これらの道具の素材は，硬いものと柔らかいものが組み合わされてできています。ランニングやサイクリング関係のお店やオンラインで購入することができます。

　これらの道具を自分で選ぶことで，さまざまな独創的な方法を考え出すことができます。セルフ・マッサージの道具に木製の麺棒を使用している人や鹿の枝角を使用している人もいます。

セルフ・マッサージの方法とマッサージをする時間

　ここで紹介した道具の使用方法は，いずれも同じようなものです。道具を床に置いて，その上に脚や腕，背中をのせ，圧がかかるようにします。胸部や背部の筋をマッサージする場合は，ボールを身体と壁の間に置いて行います。か

かっている圧が適切であると感じたら，ゆっくりと数回，筋繊維に沿って動きます。こりやこわばりを感じる箇所があったら一時的に止まってください。一般的に末梢部から中枢へ，つまり身体の周囲から中心へ向って圧が加わるように動きます。また，非常に硬い"こり"がある部分には，筋の起始から停止にかけてなぞるように圧をかけていくといいでしょう。

そうすれば，全身あるいは足の裏の足底筋膜や腸脛靱帯のような局所的に問題があるところを圧迫しすぎてしまうことを回避することができます。各筋あるいは各部分に数回行えばいいでしょう。筋がすでに炎症を起こしていたり，疲れすぎているときにセルフ・マッサージをしすぎると，さらに状態を悪化させることになり，リカバリーの妨げになるので注意しましょう。一般的に，大きな筋群は，小さな筋群より強い圧力に耐えることができます。自分の身体をガイドにしましょう。

セルフ・マッサージを行う頻度は，自分の時間，スケジュール，必要性によって変わります。セルフ・マッサージを毎晩の習慣にしたり，休息時間の儀式の一部にするのもいいでしょう。あるいは，きついダッシュや長距離を走った日に入念にセルフ・マッサージをしてもいいでしょう。また，マルチ・スポーツのアスリートであれば，走った日にセルフ・マッサージをしてもいいかもしれません。自分にとって最もよいタイミングを見つけてください。

セルフ・マッサージによくみられる問題点

大腿四頭筋

　大腿四頭筋は，フォームローラーを使うのに適した部位です（**図15.1**）。ローラーの片方の端に脚をのせ，別の脚は床に置きます。手のひらあるいは肘に体重をのせます。ローラーをちょうど膝の位置にあて，大腿部の正面に沿って身体の中心に向ってローラが動くように，ゆっくり股関節を押し出すようにします。この動きを数回行ってから身体を傾け，大腿部の外側にもローラーがあたるようにしてください（支持脚の膝を曲げて，床に足の裏をつけてもいいでしょう）。また，大腿部の内側の筋にもローラーをあて，ゆっくりと大きく

図 15.1　大腿四頭筋

動かしてください。

ハムストリングス（大腿部後面の筋）

　床に座り，片側か両方の脚を膝裏がちょうどローラーに当たるようにのせます（図 15.2）。手で体重を支えながら，ゆっくりお尻をローラーのほうに向けて動かします。数回動かしたら，大腿部後面の外側や内側がローラーにあたるように向けて動かします。

腓腹筋（ふくらはぎ）

　ふくらはぎは，大腿部後面と同じようにマッサージをします（図 15.3）。ローラーを前後にゆっくり転がし，ふくらはぎの中央の筋やふくらはぎの左右の筋にも行います。しかし，下肢と足の重さが十分ではないため，大腿部と同じようなマッサージができないかもしれません。重さを増やすために，図 15.3 のように片方の足首をもう一方の足首の上にのせて，下になっている脚を意識して行ってください。

腸脛靱帯

　腸脛靱帯のセルフ・マッサージは非常につらい思いをすることがありま

PART II　リカバリーテクニック

図 15.2　ハムストリングス（大腿部後面の筋）

図 15.3　腓腹筋（ふくらはぎ）

す。やりすぎてはいないかを確認しながら実施してください。息切れをするようであれば，やりすぎかもしれません。やりすぎると，すでにある炎症を悪化させる可能性もあります。

　片方のお尻をローラーにのせて，反対側の脚の膝を曲げ，足の裏側を床につけます（**図 15.4**）。左の脚が対象であれば，左の手か肘を床につけます。大腿

第 15 章　セルフ・マッサージ

図 15.4　腸脛靭帯

図 15.5　殿部外側

部の外側（ちょうど膝の上の外側）から，ゆっくりお尻の外側に向かって動きます。深呼吸をしたり身体を落ち着かせるために，一時的に動きを止める必要があるかもしれません。この場合もやはり，やりすぎないように注意してください。数回行えば十分でしょう。

殿部外側

腸脛靱帯から上に向かって続く，お尻の外側の筋を探ってみましょう。主に目標にする筋は，殿部の深いところにある梨状筋という筋です。ローラーでは深いところまで届かなければ，テニスボールや硬いゴムボールを使用します。ボールの上に座って，手を支えにして後ろにもたれるように移動し，正しい位置が見つかるまで動きます（**図 15.5**）。

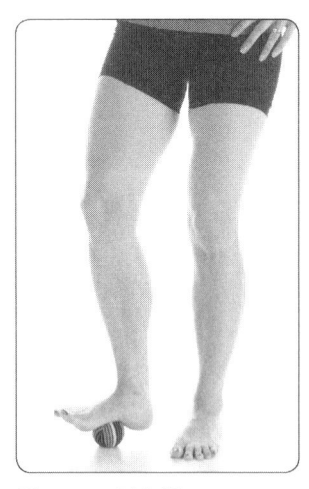

図 15.6　足底部

足底部

足の裏に走る足底筋膜は，テニスボール，ゴムボール，ゴルフボールなどを使用してほぐすことができます。柔らかい道具を使用している場合，ボールの上に立って慎重に体重をかけます（**図 15.6**）。ゴルフボールのように硬いものであれば，感覚があまり強くなりすぎないように座って足底部をあてたほうがよいでしょう。足の裏の内側アーチおよび外側アーチの踵側から足指のつけ根までと，各

図 15.7　背部

第 15 章　セルフ・マッサージ

図 15.8　胸部

足指の中足骨の間をゴルフボールなどで転がしてください。

背　部

　ローラーを背部の上から下まで転がし，特にほぐしたい場所を探します（**図 15.7**）。特に痛いところがあれば，テニスボールやゴムボールなど，より小さい道具を使用して再度マッサージをします。2つのボールをテープで貼りつけると，背骨の両側に正しくあたります。何回か経験を積んで，ゆっくり動かしましょう。痛みが最も強い場所では深呼吸をしましょう。

胸　部

　胸部や乳房のサイズ，形によって，ローラーの上にうつ伏せになったほうがいい場合があります（**図 15.8**）。それができない場合は，小さいボールを使い

クイックヒント………

- ▶ セルフ・マッサージは，マッサージ・セラピストによる定期的なマッサージの間に行ったり，マッサージ・セラピストの代わりとして用いることができます。
- ▶ ゴルフボールやテニスボールのような小さなボールは小さな筋に使用し，フォームローラー（あるいは麺棒）は大きな筋に使用します。
- ▶ あまり強力に行わないでください。主要な筋群に数回行えば十分でしょう。
- ▶ 同じところを繰り返してマッサージをしなければならないようであれば，身体がバイオメカニクス的にバランスがとれているかどうか，およびトレーニングと休息のバランスが正しいかどうかを確認しましょう。

ます。ボールを持って，胸筋にボールを当て，転がします。もっと大きな力が必要であれば，ボールを壁にあて，身体を動かしてください。

16 リカバリーに役立つヨガ

指導者やコーチとしてヨガを実践してきた数年の間,ヨガがアスリートのリカバリーにどのように影響するのかを見てきました。私が書いたヨガに関する本では,ヨガによってトレーニング効果を高める方法やリカバリーのためにヨガを活用する方法を詳しく

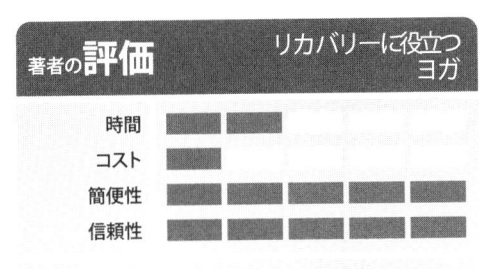

著者の評価 — リカバリーに役立つヨガ

項目	評価
時間	■■
コスト	■
簡便性	■■■■■
信頼性	■■■■■

禁忌:腰部に問題がある場合,ポーズを変更する必要がある。

説明しました。しかし,ヨガは慎重に実施しなければなりません。現在では,非常に穏やかなものから,非常に激しいものまで,ヨガには多くのアプローチがあります。あまりにも激しいクラスに参加すると,リカバリーを妨げる可能性もあり,特に競争心が強いタイプの人では,最悪の場合,ケガの原因にもなります。そのため,リカバリーとして用いることができる程度のヨガのクラスを探すか,自宅で行う場合は,以下に説明するガイドラインに従ってください。

どのようなヨガがリカバリーを早めるか

リカバリーを早めるためには,呼吸に集中し,リラックスでき,そしてゆっ

くり動くスタイルのヨガを選びましょう。「やさしい」あるいは「静かな」がキーワードになります。リカバリーのためのヨガは，筋力の強化やストレッチのためではなく，緊張を緩和するためのものです。リカバリーのためのヨガのポーズは，ボルスター（円柱状のクッション），毛布，砂袋，床などを支えとして利用し，10〜15分以上，同じポーズを維持します。それらの支えによって緊張が緩和され，身体，呼吸および精神がリラックスするでしょう。

　リカバリーのためのヨガのポーズのなかで，特にレッグズ・アップ・ザ・ウォールは，脚のむくみを取るのに役立ちます。これを，長時間の運動や激しい運動の後に実施すると，体液が身体の中心のほうへ移動していることを実感できることがあります。

　ヨガを実践することによって，身体の変化について敏感になることもあります。体内のホルモンレベルの変化や上半身の血管の拡張などの微妙な変化が感じられることもあります。また，リカバリーのためのヨガのポーズは，背中の筋の緊張を和らげてくれますし，運動や日常生活でたまった緊張を解消してくれます。さらにキーボードや車のハンドルなどを操作することによって姿勢が悪くなり，狭くなった胸部を広げてもとにもどし，呼吸ができるスペースを広くしてくれます。

　リカバリーのためのヨガのポーズをしていると，静かな時間が十分にとれ，呼吸に集中することができます。自由に呼吸をすることで胸が広がり，吸ったときに腹部の形が変わり，息を吐いたときにもとにもどります。呼吸に意識を集中させてリラックスしてください。しかし，リラックスすることは意外と難しいものです。もしほかのことを考えて，自分の意識に集中できなくなるような場合には，自分の呼吸に集中するようにしましょう。そうすることで，集中力が高まるだけではなく，リラクゼーション反応が引き出されます（第17章参照）。

　リカバリーのために「ヨガをする」必要はありません。多くのアスリートは，自分の身体に耳を傾けることで，リカバリーに何が必要かを判断できるようになります。ウルトラ・ランナーのキース・ストローには，「走っているときは走り，休むときは休む」という持論があります。彼は，ヨガ・ボールに脚を

掛けて横になり，テレビを見ながら時間を過ごすそうです。何もしていないように思えるこの単純な方法でも，驚くべき効果を得ることができます。マスターズ・ロード・サイクリストのイーヴィ・エドワーズには，レース後にホテルの部屋にもどったらヨガ・ブロックを床に置き，お尻をその上に置いて，呼吸に集中したり，脚を壁に立てかけながらまわりの人にレースの話をするという習慣があります。

　ウルトラ・ランナーのジェニファー・ヴァン・アレンも，リカバリーのためのヨガの効果を実感しているひとりです。ヨガによって筋がほぐされ，柔軟性が高められるので，リカバリーが活性化されると感じると言います。

ヨガのために何が必要か

　自宅でできるリカバリーのためのヨガのポーズのいくつかを以下に示します。ヨガのポーズが十分にとれるように，身体を支えられるものを集めましょう。例えば，毛布かビーチタオルを2〜3枚，枕を1〜2個，アイバッグ（目をおおうためのもので，どこでも入手できます）があるといいでしょう。ボルスターの高さを変えるためにヨガ・ブロックがあると便利です。ヨガ・ストラップも役立ちます。もし砂袋を手に入れることができれば，自分の好みの大きさに調節できます。ホームセンターなどで買ってきた砂をビニール袋に入れて密封し，15 cm×45 cm 程度の大きさの布袋に入れてもいいでしょう。

　ヨガをするためには静かなスペースも必要です。音を出して気をそらす電気製品などがなく，ペットや子どもなども見えないところが理想的です。

　最後に，タイマーが必要です。キッチン・タイマーでもかまいませんが，いろいろなアラームが使える携帯電話のほうがいいかもしれません。5分ごとにアラームを鳴らすことで，ポーズを変えるタイミングがわかります。また，タイマーでポーズを保っている時間が正確に計れ，万一寝てしまった場合に起こしてくれます。どのくらいポーズが保たれているかを気にしなくてもよいので，その分，ポーズを保つことや呼吸に集中でき，完全にリラックスすることができます。

ポーズ

　ここで述べるポーズは，一連の決められた方法をすべて行うために，流れに沿って記述してあります．より短い時間で実施するためには，自分が最良と感じるポーズを選んでください．一連の流れをすべて行う場合は，身体を前に倒す，後ろに倒す，左右に曲げる，左右に捻るの6つの面の動きを脊柱で行います．短い時間で実践する場合には，必ず前と後ろ，左右のバランスをとって，均等になるようにしてください．

　それぞれのポーズは，身体を無理に伸ばす必要はなく，快適さと支えられている感覚を求めます．アクティブ・リカバリーの運動と同様に，リカバリーのためのヨガのポーズも軽いものにしたほうがいいでしょう．激しく行うと，アクティブ・リカバリーの運動が持久性運動になってしまうのと同じように，リカバリーのためのヨガは柔軟運動になってしまいます．

レッグズ・アップ・ザ・ウォール（壁に脚をのせる）

　レッグズ・アップ・ザ・ウォールは，壁か閉めてあるドアを利用して行います．積み重ねた毛布が2～3枚，丸めたタオル，ボルスターがあれば，よいポーズがとりやすくなります．

　最も単純なのは，背中を床につけて，脚を壁につけてL字形をとるポーズです．このポーズができたら，次にお尻を壁につけ，背骨は床につけたまま，壁につけた足の上におもりをのせます．ハムストリングス（大腿裏側の筋）の柔軟性に問題がなければ，お尻の下が壁につくように（股関節が90°になるように）し，ハムストリングスの柔軟性が乏しい場合には，お尻を壁から5～8 cm離しておきます．ただし，膝は伸展させすぎずに少し曲げるようにしてください．腕は楽な位置に置きます．両腕を下方に下げたV形，両腕を横に広げたT形，両腕を頭の上に伸ばしたY形，あるいは図16.1のように両肘を曲げたW形のいずれかにします．腕の位置に関係なく，手のひらは必ず天井に向けて，胸と肩を開くようにしましょう．

　もし柔らかいクッションなどがあれば，腰の下に置き，骨盤を支えて行いま

す (図 16.1)。具体的な手順は，以下の通りです。ボルスターや枕，または長方形に折り重ねた毛布を壁と平行に5〜8 cm 程度壁から離して置きます。その上に骨盤全体をのせます。クッションを入れることにより，胸部を広げ腰部全体を支えます。首が曲がりすぎていると感じたら，巻いた毛布を頸の下に入れてください。アイバッグがあれば，目か額に置いてみてください。砂袋などのおもりを足の上にのせると下肢全体がより床に押されている感じが得られます。最初から足の上にお

図 16.1　レッグ・アップ・ザ・ウォール

もりをのせたまま脚を壁に置くか，誰かにのせてもらってもいいでしょう。

　できれば，10〜20分程度このポーズを保つようにしましょう。脚がしびれてきたら，2〜3回呼吸する間膝を胸のほうに曲げ，その後，もとにもどします。両脚を閉じて保つことができない場合，ヨガ・ストラップで緩く両脚を結びます。これは，姿勢を効率よく保つには非常にいい方法です。壁に脚を置くことに必要な力しか使わないようにしましょう。完全にリラックスをする努力をしましょう。脚が，壁を滑り落ちてしまっても，開始姿勢にもどせば問題はありません。

レッグズ・オン・ア・チェア（イスに脚をのせる）

　レッグズ・オン・ア・チェアは，レッグズ・アップ・ザ・ウォールのバリエーションで，ふくらはぎを椅子の座面やソファー，コーヒーテーブルなどにのせます (図 16.2)。膝を曲げて行うことで腰背部の緊張が軽減されるので，腰や膝に問題がある場合には，こちらを実施しましょう。ただし，脚の長さによっては，ふくらはぎの下に当て物を置く必要があります。いずれにしても，リ

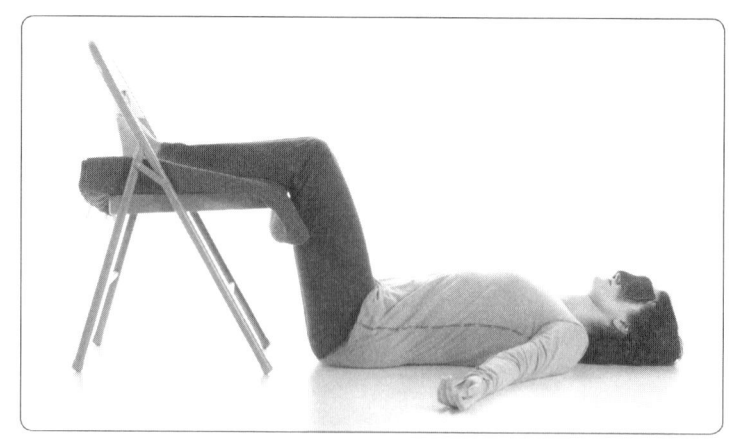

図 16-2　レッグズ・オン・ア・チェア

ラクゼーション効果を高めるため，背中が適切に床につくように，座面の上にのせるクッションなどを用意して高さを調節しましょう。10分程度そのままの姿勢をキープすることが理想的です。アイバッグを使ってもよいでしょう。

サポーテッド・チャイルズ・ポーズ

　サポーテッド・チャイルズ・ポーズを行うことで腰部に開放感が得られ，ハムストリングス，大腿四頭筋，足関節をやさしく伸ばすことができます。これはとても強度の低いストレッチの方法です。もしこのストレッチでも強度が強いと感じたら（特に膝），椅子の座面に毛布などを敷いて，そこに身体をもたれるようにうつぶせになり，膝に負担がかからないようにしてください。

　ボルスターの上に両膝を曲げた姿勢でうつぶせで寝て，カーペット，ヨガ・マット，毛布などの当て物を脚の下に置きます。そして，両足の親指をそろえ，両膝の間はすき間をあけておきましょう。かかとの上にお尻をのせて，お腹が圧迫されないようにサポートしてください（**図 16.3**）。ストレッチされすぎているように感じたら，当て物を膝の裏に1～2枚足してサポートしてください。特にふくらはぎと大腿部の間に毛布を入れると膝にかかる圧力を軽減できます。もし手伝ってくれる人がいれば，砂袋を骨盤の後部にのせてもらって

図 16-3　サポーテッド・チャイルズ・ポーズ

もいいでしょう。

　最初は頭を横にしてボルスターにのせ，5 分後に顔の向きを変えます。このようなときに，時間をセットできるタイマーが役立ち，アラームがなるたびに顔の向きを変えます。

サポーテッド・プローン・ツイスト

　サポーテッド・プローン・ツイストは，背骨の緊張を解消しながら，お尻の外側をやさしくストレッチすることができるため，リカバリーとしてとても有効です。このポーズでは，体重によってストレッチの効果が強められます。まず，ボルスター上にうつ伏せに寝ます。続いて，膝を曲げながら片方のお尻を床につけ，大腿部が床面と水平になるように，毛布を上側の脚の下に積み重ねます。手をボルスターの両側において背骨を伸ばし，そしてゆっくりお腹を支えます（**図 16.4**）。ボルスターの高さによって，肘に体重をかけるか，あるいは腕を楽なところに置いてください。

　サポーテッド・チャイルズ・ポーズと同じように，頭の位置は自分で決めます。顔と脚を同じ向きにすると，より穏やかな感じになります。頭を脚と逆向きにすると，身体を過度に捻ることになり，無理な姿勢となる場合があります。あくまで自然な呼吸でできる方法で行ってください。とった姿勢によって

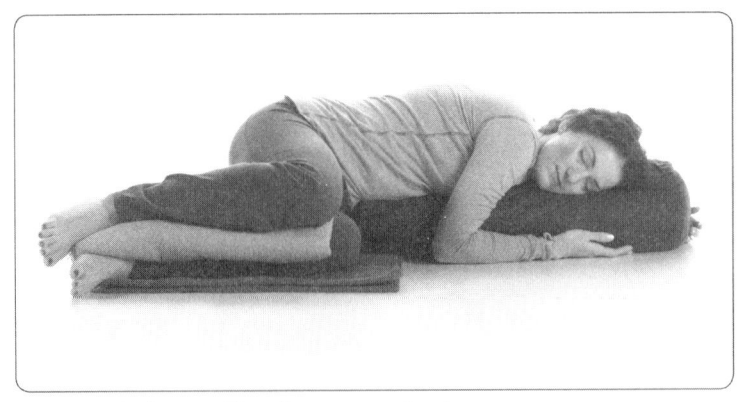

図16.4　サポーテッド・プローン・ツイスト

緊張を感じたり，自然な呼吸ができなくなった場合は，楽な姿勢に変えてください。このポーズは少なくとも5分くらい，できれば10分は維持しましょう。片側が終わったら，もう片側で同じポーズを行ってください。

サポーテッド・スパイン・ツイスト

　サポーテッド・スパイン・ツイストは仰向けで行います。このポーズは，サポーテッド・プローン・ツイストよりお尻への影響は少なくなりますが，胸がより開くようになります。

　仰向けになり，身体の両側にボルスターか，たたんだ毛布を置きます。片方の脚を伸ばして，もう片方の脚を曲げ，曲げた脚の内側に枕や毛布を置きます。曲げた足の逆方向に身体を捻ります（**図16.5**）。

　この姿勢をとるときは，リラックスできていることを確認してください。確認できたら，腕をT字形に伸ばします。気持ちがよいと感じられるようであれば，片手だけでも両手でもかまいませんので，手の下に毛布を置いてください。前述のツイストと同じように，顔の向きはどちらでもかまいません。また，顔を上に向けて，首を中間位にしてもかまいません。この姿勢を5〜10分間維持してください。

図 16.5　サポーテッド・スパイン・ツイスト

図 16.6　サポーテッド・バックベンド

サポーテッド・バックベンド

　リカバリーのためのヨガが1日に1ポーズしかできないときは，このサポーテッド・バックベンドを行うとよいでしょう。1日に2つのポーズができる場合は，これとレッグズ・アップ・ザ・ウォールをやりましょう。

　サポーテッド・バックベンドを正しい姿勢で実施することができれば，素晴らしいリカバリー効果を得ることができます。

　このポーズは，仕事やトレーニングによる疲れも解消できます。胸や胸郭にスペースをつくることで呼吸が楽になり，身体をリラックスさせることができます。

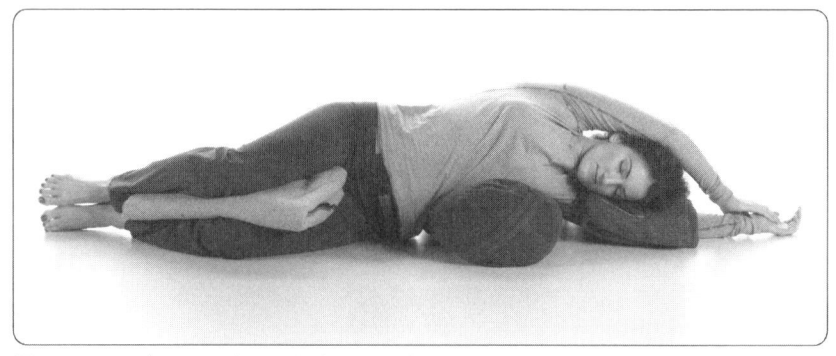

図 16.7　サポーテッド・サイド・ベンド

　図 16.6 のように，2 つのヨガ・ブロックの上にボルスターの一方が高くなるように置きます。ボルスターの低いほうにお尻をつけ，ボルスターに寄りかかります。頭は少し高くなりますが，あごは上がらないようにします。腕は外側に広げます。手がブラブラするようであれば，下に毛布か枕を置いて支えます。

　脚はいろいろな姿勢にすることができます。腰が痛ければ膝を曲げて，足の裏を床につけます。もし毛布などがあれば，脚を下から支えることもできます。腰が痛くなければ，脚を前に伸ばしても，両足の足裏を合わせて膝を曲げ，膝を両側に開いて下げることもできます（理想的には膝の下に枕を置いたほうがいいでしょう）（図 16.6）。このポーズを実施するとき，床で足が滑ってしまうことがあります。そのような場合，足を固定するために足の上に砂袋をのせるとよいでしょう。また，ストラップを背中から股関節の内側を通し，大腿部に巻き付け，さらにふくらはぎの上，足の下まで巻き付けます。ストラップは片手できつくしたり緩めたりすることができます。サポーテッド・バックベンドは，できるだけ長く，20 分間程度はこの姿勢を維持してください。

サポーテッド・サイド・ベンド

　ボルスターの上でやさしく側面を伸ばすようにすると，肩のまわりの筋がほぐれ，肋間筋が開き，呼吸が楽にできるようになります。

図 16.8　サポーテッド・ブリッジ

　片方のお尻を床につけ，毛布数枚を両脚ではさみ，ボルスターを床側の体側に，毛布を側頭部に置きます。ボルスターや毛布の上に身体を横に向けて寝て，シンクロナイズドスイミングの選手が横を向いて飛び込むときのように，両手を頭の上に伸ばします。手のひらを合わせてもいいし，上になっている手の指を下になっている手で握ってもかまいません。頭は，下側になっている腕や毛布にのせて，リラックスします（**図 16.7**）。そのまま 5 分以上保ち，リラックスして深呼吸を行い，胸郭を広げます。反対側も行います。

サポーテッド・ブリッジ

　ブリッジのポーズはアスリートにとって重要なポーズであり，理学療法の分野でもしばしば処方されます。股関節屈筋群を伸ばして，ハムストリングスや殿部の筋を使用して，腰背部の筋を強化します。ここで紹介するサポーテッド・ブリッジは，筋のエネルギーを必要とせず，穏やかに後ろに反ることで胸を開き，股関節屈筋群をストレッチすることができます。

　このポーズは，ヨガ・ブロックまたは枕を使用して行うことで，さまざまな効果がもたらされます。ブロックを使用するには，仰向けになって，膝を曲げ，かかとを尾骨に近づけます。お尻を上げて，ブロックを骨盤の下，ウエストより 3〜5 cm 下あたりに置きます。中くらいの高さのブロックではじめて，実際にサポートされている感覚があればもっと高くしてもいいでしょう。気持ち

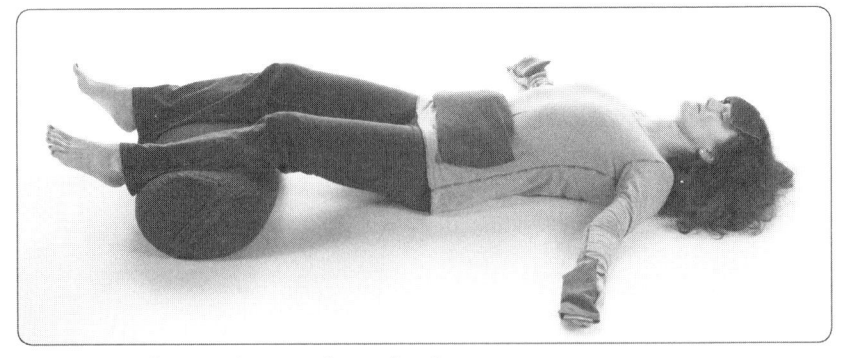

図 16.9 サポーテッド・コープス・ポーズ

よく感じられれば，足を 1 歩ずつ身体から離してもいいでしょう。その姿勢を数分間保ち，胸を開いて，股関節屈筋群をストレッチさせます（**図 16.8**）。先の段階へ進む準備ができたら，ブロックをはずし，床の上で平らになり，呼吸を整えましょう。

　枕を使用して行う場合，枕を背骨に対して垂直に置き，肩甲骨が床につくまで身体をすべらせて胸郭を広げます。その際，枕は背中の中央から骨盤まで支えるように置きます。数分間その姿勢を保ち，その後，枕をはずし，数回呼吸をしながら休みます。

サポーテッド・コープス・ポーズ

　コープス・ポーズは，完全に何もしない姿勢で，休息をとるための素晴らしいポジションです。通常，床の上に平らになって行いますが，ボルスターなどを使うことで，よりリラックスをすることができ，快適さを持続させることができます。

　膝またはふくらはぎの下に，ボルスターか巻いてある毛布を置き，腰部は床につけます。ボルスターや毛布を膝の下に置いた場合はかかとが床につきますし，ふくらはぎの下に置いた場合はかかとは浮いた状態になりますので，この両方とも試してみてください。

　砂袋をウエストより 5〜8 cm 下くらいの骨盤の上に水平に置くと，心地よ

第16章 リカバリーに役立つヨガ

> **クイックヒント**
> ▶ 5〜20分の間，リカバリーのためのヨガのポーズを保つことで，身体と気持ちがリラックスし，リカバリーがはじまるきっかけとなります。
> ▶ 静かな部屋とちょっとした道具を使うことによって，ヨガの効果を向上させることができます。
> ▶ 気持ちが落ち着かないようであれば，長い時間をかけて，よりリラックスをする必要があります。

いおもりとなります。軽いおもりがあれば，手のひらを上に向けて指を広げた状態を保つのに役立ちます。アイバッグを使用してもよいでしょう。アイバッグは，目の上やおでこにのせても心地よい感触が得られます（**図16.9**）。

すべてがセットできたら，しばらくそのままの状態を保ちます。ヨガでは，だいたい1時間の運動をしたら，5〜10分のコープス・ポーズをします。これはトレーニングにも適用できます。3時間の運動の後に，30分のコープス・ポーズを含めたヨガをすれば，リラックスすることができ，身体のバランスを取りもどすのにも役立ちます。

参考・引用文献

Rountree, S. 2008. *The Athlete's Guide to Yoga: An Integrated Approach to Strength, Flexibility, and Focus*. Boulder, CO: VeloPress.

―――. 2009. *The Athlete's Pocket Guide to Yoga: 50 Routines for Strength, Flexibility, and Balance*. Boulder, CO: VeloPress.

17 瞑想と呼吸

瞑想は，ヨガのポーズと一緒に行っても，単独で行っても，いろいろなことを見つめる時間を与えてくれます。自分の現在の状態を見つめ直し，自分の疲労の状態を自覚することで，競技前にコンディショニングをしたときと同様，休息をとったほうがよいのかどうかがわかるようになります。このような自己認識をもつことでオーバートレーニングを避けることができ，ピーク・パフォーマンスを達成することもできるようになります。優秀なアスリートでも，自分の正しい評価尺度をもっているわけではありませんが，ただ何となく疲れていて，少しの間休む必要がいうことはわかります。瞑想をすることで，現在の自分の身体の状態や生活を見つめ直し，自分の洞察力を向上させることができます。自己認識力が高められれば，身体の疲労状態についてより理解できるようになります。それによって，身体の準備ができているときに頑張ることができ，休息が必要なときには休むことができます。瞑想は，目標を確認し，さらに現在のトレーニング，キャリア，人間関係および生活が適切な状態にあるかどうかを確

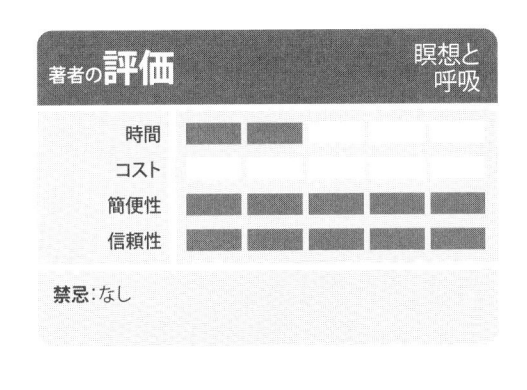

著者の評価 — 瞑想と呼吸

時間	■■
コスト	
簡便性	■■■■■
信頼性	■■■■■

禁忌:なし

認するために，明確な方法を与えてくれるのです。

　カリフォルニア大学ロサンゼルス校（UCLA）医学部の研究では，長期間にわたって瞑想をしている人の脳の構造に変化がみられたことが示されています（Luders ら 2009）。瞑想によって眼窩前頭野と海馬領域に変化が起こります。この変化によって，瞑想をする人の肯定的感情が向上し，さらに感情を安定させるための調整能力が向上します。このことは，アスリートにはとても重要なことであるとされています。スタンフォード大学などによるほかの研究では，瞑想を実践した人は気分がよくなり，より集中でき，より注意深くなったことが明らかにされています。

　瞑想および呼吸エクササイズをすることで，自分のリカバリーが向上するのです。数分間座って自分の身体を詳しく見つめると，筋の緊張が取り除かれ，血流が改善されます。また，瞑想および呼吸エクササイズによって，中枢神経系の働きが落ち着き，それによって，よりリラックスした感覚が得られ，ストレスの高いトレーニングや日常生活における好ましくない生理的影響を取り除くことができます。また，心理的にも，瞑想および深呼吸をすることで，自分を落ち着かせ，制御できるように感じることができます。瞑想と呼吸エクササイズは，身体に痛みがあるときや精神的に動揺しているときでも，気持ちを落ち着いた状態にもどすことができ，精神的な強さを向上させることもできます。

簡単な瞑想テクニック

　瞑想には多種多様な方法があり，宗教的な起源を有するものやそうでないものがあります。瞑想をするのに特別な信仰は必要ありませんが，そのプロセスには信念が必要です。瞑想を習得することは難しいため，まず，なぜ瞑想を行うのかを理解して実施することが必要です。私たちは意識が散漫になっている状態を絶えず経験しています。考えが次から次へと変わること事態は決して悪いことではなく，むしろ自分と向き合っているからこそ起こることです。ただし，瞑想の目的は，必要なことに意識を集中することであり，ただボ

ーッとすることではありません。つまり，瞑想することで，考えが次々と変わることや注意散漫な状態であることに気がつくことが瞑想へのプロセスであり，そこから意識を集中するようにするのです。

ここで瞑想の3つの簡単なアプローチを紹介します。いずれのアプローチでも自分の身体や精神に対する意識を高めることができ，リカバリーに役立てることができます。まず，最もやりやすいカウンティング・メディテーションからはじめるとよいでしょう。それでくつろいだ気分になれたら，次にマントラ・メディテーションに移ります。瞑想をするためには，座り心地のよい椅子があるとよいでしょう。床の上に置いたクッションに座っても，脚を組んで座ってもいいし，あるいは膝を開いて，かかとを身体の中心線に合わせるヨガの「イージー・シット」の姿勢でも構いません。また，ひざまずいて，座骨部にすき間があいているクルーザータイプのバイクサドルのようなヨガ・ブロックを使用してもいいでしょう。もし股関節が硬かったり，膝や腰に痛みがあれば，椅子に座って行いましょう (**図 17.1**)。ただし，腰部に負担がかからないように，後ろに反ることのないよう，まっすぐに座ってください。目を開けたままで壁か床を穏やかに見ていてもいいですし，目を閉じてもかまいません。快適になりすぎると寝てしまうことがあるため横にはなりません。瞑想とは，意識をすることであり，無意識になることではありません。もちろん，眠ることはリカバリーに必要なことで，もし起きていられないような場合には，十分に睡眠をとるようにしましょう。

瞑想を続けることは，かなり大変です。最初の段階で断念してしまうことが

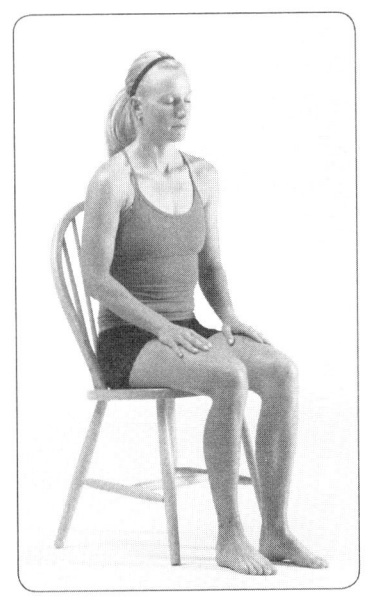

図 17.1 瞑想を目的とした椅子の座り方。

ないように，目標とする時間をあらかじめ決めておいたほうがいいでしょう。まずは，5分くらいからはじめましょう。徐々に20〜30分くらいまで増やすことができるようになります。1日に2回の瞑想をするようになることもあります。1週間のトレーニング時間が20時間だとしたら1日に20分間，トレーニング時間が30時間だとしたら1日に30分間は瞑想をするようにしましょう。瞑想する時間を毎日とれないようであれば，週に4〜5回は瞑想することを目標にしましょう。私自身は，1日に20分間座って深い瞑想をすることで，精神がより冷静になり，レースや日常生活での心の落ち着きがもたらされるようになりました。

カウンティング・メディテーション（数を唱える瞑想）

　瞑想をはじめるには，カウンティング・メディテーションからはじめましょう。カウンティング・メディテーションには，いろいろな種類があります。最初は30から1までの数字に，それぞれ吸気と呼気を割り当てて数えます。例えば，30のときは吸気，29のときは呼気となります。次の呼吸では，28は吸気，27は呼気と数え1まで続けます。おそらく1桁台になる前に気が散ってしまうでしょうが，それは普通のことです。そのような場合は，30にもどって最初からはじめればいいのです。

　数えるのに慣れてきたら，もっと大きな数字からはじめてもかまいません。また，30で吸気と呼気，29で吸気と呼気のように，吸気と呼気を1回として1つの数字に割り当ててもかまいません。最終的に1までたどり着いたら，1を繰り返しとなえるか，もしくは再度はじめから数え直します。

　別の方法として，1〜10まで数えて繰り返す方法もあります。また，5ずつ数えても，100から数えてもかまいません。数字自体は重要ではありません。重要なのは精神を集中させることで，集中が途切れたらもう一度意識を集中してやり直します。

マントラ・メディテーション（マントラ瞑想）

　ハーバート・ベンソン博士は，心と身体に対する瞑想の効果について，臨床

的に証明された簡便なアプローチを実証しています。その方法は、「言葉，音，言いまわし，祈り，あるいは筋活動」のいずれかを選択し，リラックスしているポジションで，特定した言葉やフレーズを繰り返します。もし，何かに気をとられている場合は，もう一度気をとり直して言葉やフレーズの繰り返しを行います。

　このマントラ・メディテーションは，トランセンデンタル・メディテーション（超越的瞑想）の技法に基づいており，ベンソンは実践者としてこれらを研究しました。トランセンデンタル・メディテーションでは，秘密の言葉やフレーズを繰り返しますが，ベンソンは，繰り返す言葉はどのような言葉でもよいということを見出しました。ただ，個人的に意味のある言葉のほうが，抽象的な言葉やフレーズよりも注目しやすいため，効果的です。「1（イチ）」を繰り返すだけでもかまいませんし，「冷静」，「平和」など，自分の心に響くような言葉やフレーズでもかまいません。

　ベンソンは仏教に関係のある伝統的な東洋のムービング・メディテーション（移動的瞑想）にも注目しており，持久的アスリートも共感するような下記のような説明をしています。

　　　ジョギングやウォーキングをしているときは，「左，右，左，右」と足のリズムに注意を払っています。そして違うことを考えたら，また「左，右，左，右」にもどります。もちろん目は開いたままです。同様に，水泳選手はストロークのテンポに注意を払い，サイクリストは自転車の車輪の音に注意を払い，ダンサーは音楽のビートに注意を払い，ほかの人は自分の呼吸のリズムに注意を払います。

　トレーニング中に「フロー」という瞑想的な状態に陥ることがあります。アスリートもトレーニング中に瞑想的な状態に陥ることがあります。実際には，そういった瞑想的な感覚の繰り返しが，スポーツを再び続けていく理由になります。

　座ってマントラ・メディテーションが行えれば，動いているときにも行い

やすくなります。慣れてくると，おそらく運動やレースのときにマントラ・メディテーションを使っていることに気がつくでしょう。

オブザベーション・メディテーション（観察的瞑想）

より一般的ですが，難しい瞑想は，ただ座ってまわりを注視するオブザーベーション・メディテーションです。瞑想中に何か考えが浮かんだり，消えたりしますが，それらにとらわれることなく，そのまま精神を透過できるようにしなければなりません。自分自身が，ある考えに縛られていることに気づいたとき，その縛られているものから解放され，単純な考えにもどることができます。

オブザーベーション・メディテーションは，雲を透かして，その背景にある空を見ているようなものです。しかし，私たちの思考は，雲を透かして空を見るのとは違います。私は２つの似たようなことを経験しました。私のヨガ・スタジオの部屋の１つは，レストランの真上にあります。ランチや夕食のとき，下の階のお客さんの声が聞こえます。話をしていることはわかりますが，具体的に何を話しているのかまでは聞き取れません。床に耳をつければ，言葉や会話が聞き取れるでしょう。その代わり，私たちは下で会話をしているのは知りながら，ヨガ・スタジオで練習を続けます。同じように，ノースカロライナ大学のヨガ・スタジオでヨガを教えているとき，学生にはスタジオと室内トラックを区分けしているガラスれんがの壁のほうを向いてもらいます。室内トラックでは，色々なスピードで走っている人がいたり，ときに面白いウエアやストライドで通り過ぎます。通り過ぎることには気がついて，それを見ることはしますが，ガラスれんがを通して見るためはっきりとは見えません。室内トラックを走っている人に話しかける必要があれば，外に行ってその人をつかまえて話すことができます。先述のレストランの場合は，知っている人の声が聞こえれば，下に行って話すことができます。その代わりに，知らない人の声であれば，動くことはありません。室内トラックでも同様に，室内トラックを歩いている人やランナーに気づき，それを見ようとすることで，どんな人が通り過ぎるかを観察しようとします。つまり，そこに何かがあることを想像する

と，それを想定して観察しようとするわけです。

マインドフル・ブリージング（注意深く意識した呼吸）

　正しい呼吸方法を学べば，リラックスして腹式呼吸を実践するのは簡単です。そして，一度この方法を学べば，トレーニングをしているとき，瞑想しているとき，仕事をしているとき，横になっているときなど，いつでも実践することができます。深呼吸によって，迷走神経が刺激され，副交感神経系の働きがよくなり，リラクゼーション反応が起こり，リカバリーが促進されます。

　さらに，マインドフル・ブリージングには，抗酸化作用があります。イタリアで行われた研究（Martarelli ら 2009）では，アスリートに腹式呼吸を集中して行わせると，コルチゾールが減り，メラトニンが増えたことが明らかにされました。これは，運動によって増加する身体への酸化ストレスが減ったことを意味します。この研究では，1時間にわたって呼吸に集中していますが，そこまでする必要はありません。時間をかけて呼吸に集中することで，リカバリーを後押しするようなことが起こります。

　スポーツ心理学者のケイト・ヘイズは，腹式呼吸は，自分の覚醒のレベルや緊張のレベルを調整するのによい方法であるため，アスリートに腹式呼吸をすすめています。呼吸の練習はメンタル・トレーニングの一部にもなります。瞑想の状況や条件などは自分で設定できるため，個別でできる練習にもなります。

　深呼吸を習得するのに最も簡単な姿勢は仰向けです。仰向けになると呼吸の作用をより感じることができます。脚をまっすぐにしたままでは腰が気持ちよく感じなければ，膝を曲げてもかまいません。枕を1～2個使って脚をサポートをしてもいいでしょう。第16章で説明したサポーテッド・バックベンドは，胸郭が開き呼吸ができるスペースができるため，呼吸を意識するにはよい姿勢です。

　この快適な後ろにもたれかかる姿勢から，呼吸によって，身体のスペースがどのように動くのかを観察しましょう。息を吸うと，身体のどこが，どの方向

に，どの順番で動きますか。そして，息を吐くときはどうなりますか。呼気は吸気とどのようなところが似ていて，どのようなところが違うのでしょうか。

　片手をおへその上に置いて，もう一方の手を心臓の上に置きます。いずれかの側の手の下の動きを感じることができますか。数回呼吸をしながらその動きを観察しましょう。お腹と胸部が3つの部屋に分かれていると想像してみましょう。最初の部屋は片方の手の下にあるお腹です。息を吸うと横隔膜が下がり，お腹が膨らみ，それによって陰圧が起こり，肺に空気が入ります。肺に空気が入ると，2つ目の部屋である手と手の間のスペースが拡大します。そして吸気のピークのときに，3つ目の部屋，つまり心臓の上に置いた手の上で胸が広がり肋骨が上がるのを意識してください。より集中して意識をすると，3つの部屋が同時に動いているのが感じられるかもしれません。空気は上から下に流れますが，それを感じることができますか。そして，動きは横隔膜からはじまっていることを感じることができますか。以上のような呼吸で使う筋をすべて利用して十分な吸気が可能になります。上から下への順序が逆だったり，同時だったりするかもしれませんが，おそらく息を吐き出しているときに，上の部屋から下の部屋へ息が抜けていくことを感じることができるでしょう。次にお腹と胸にあった手を身体の横に置いて，前述したように呼吸をしてみましょう。

　砂浜で寝ていることを想像しましょう。息は波です。その波はお腹の下から胸の上まできます。息を吐くとき，その波が胸からお腹のほうへ流れていきます。

　呼吸により体内に入る空気を感じることができたら，呼吸の仕方を調整して，体内での呼吸の通り方を変えてみてください。まず息を吸って，吐く前に何が起こっているのかに注目してください。ちょっとした瞬間ですが，息を吸っても吐いてもいないのです。ちょうど，波が砂浜にきていて，どの方向に流れていくのかがわからないのと同じです。ここでちょっと息を止めて，それから息を完全に吐き出します。息を完全に吐ききったら，再び吸気がはじまり，まるで次の波がまた岸へと押し寄せるのと同じであることに気づきます。ここでも一度息を止めて，その瞬間，息を吸ったときと同じ息継ぎをします。息

を吸って，空気がたっぷり入っている状態で止まって，息を吐いて，空気をすべて吐き出した状態で止まるパターンを続けます。これを数回行ってから，普通の自然な長い呼吸にもどして自分の感覚がどうなったかを観察してください。

次に，呼気を引き伸ばしてみてください。吸気と呼気の後にちょっとした間を入れても入れなくてもかまいません。呼気を長くすると，迷走神経が刺激され，脈拍が遅くなってより落ち着くことができます。引き潮をイメージして，呼気が吸気よりもやや長く続くようにしてみてください。吸気と呼気の拍子を数え，吸気よりも呼気を2〜3拍多くすることで，呼気を吸気より長くすることができます。それを数回続けて，その後，心地よい長い呼吸にもどしましょう。自分がどのように感じるかを観察してみてください。

以上のような方法を用いてリラックスしてください。練習すれば，もっと簡単に，自然な，完全な呼吸をすることができるでしょう。呼吸を意識することで，身体への意識を高めることができます。リカバリーにも，アスリートとしての成功のためにも身体を意識することは重要です。スポーツ心理学コンサルタントのクリスティン・カイムは，「アスリートがしっかりとストレッチをして，呼吸をして，身体に対する意識を高める時間をもっとつくれば，睡眠やリカバリーに役立つ。プロとアマチュアの大きな違いは，自分の身体に関しての心理学的・生理学的意識のレベルの違いである」と言っています。

> **クイックヒント**
> - 毎日，数分間の瞑想をすれば，リカバリーや持久力を改善することができます。
> - 瞑想の目標は，思考を停止させることではなく，思考を認識しつつその思考に意識を流されないようにすることです。
> - リラックスした呼吸は瞑想と一緒に行っても，または単独で行ってもかまいません。

参考・引用文献

Benson, H. 2000. *The Relaxation Response*. New York: HarperCollins.
Fitzgerald, M. 2010. *Run: The Mind-Body Method of Running by Feel*. Boulder, CO: VeloPress.
Luders, E., A. W. Toga, N. Lepore, and C. Gaser. 2009. "The Underlying Anatomical Correlates of

Long-Term Meditation: Larger Hippocampal and Frontal Volumes of Gray Matter." *NeuroImage* 45: 672-678.

Martarelli, D., M. Cocchioni, S. Scuri, and P. Pompei. 2009. "Diaphragmatic Breathing Reduces Exercise-Induced Oxidative Stress." *Evidence-Based Complementary and Alternative Medicine*, available online at ecam.oxfordjournals.org/cgi/ content/full/nep169.

McGonigal, K. 2010. "Your Brain on Meditation." *Yoga Journal* (August): 68-70, 92-98.

PART III
リカバリー・プロトコル

18 まとめ

　PART IIIでは，これまでの章で紹介したことをまとめます．以降の章では，さまざまなトレーニングやレースの距離を目標にしたリカバリーについて考えていきます．年齢，スポーツ歴，そして特にどの程度走るのか，脚にどの程度の衝撃があるかなど，実施するスポーツの特性によって，選択するリカバリー方法やリカバリーに必要な時間が変わってきます．

　最も重要なリカバリーの要素は，時間であることを踏まえて，リカバリーの時間に影響する要因を見てみましょう．だいたいの目安として，レースで16km（10マイル）を走ったら，レース後に低強度のランニングを10日間行いましょう．さらに，ランニング以外の種目にも応用できる詳細な方法として，レースでかかった時間をもとにする方法があります．トライアスロン・アメリカオリンピック代表コーチのゲイル・バーンハートは，自転車競技ではレース1時間あたり1～3日，トライアスロンではレース1時間あたり3～5日，ランニングではレース1時間あたり4～6日のリカバリー期間が必要であると考えています．これは，私自身やほかのアスリートの経験でも確認されており，前述の1マイルの走りごとに1日のリカバリー期間を割り当てる方法よりも広く応用できます．

　付録Bに，これらのことをさまざまな距離と時間に適応させた表を示しました．

　バーンハートは，レース後のリカバリー時間に影響を与える主観的な要因

を示す表を作成しました。**表 18.1** に示した項目の当てはまる段階（1〜3）を合計することで，完全なリカバリーまでの時間を予測することができます。スコアが高くなれば，リカバリーにかかる時間も長くなります。もしレース後にケガをしたり，病気になれば，リカバリーにかかる時間はさらに長くなります。付録 B の**表 B.1〜B.4** に示した範囲よりも長くなるかもしれません。**表 18.1** を見れば，リカバリーにかかる時間が短くなるのか長くなるのかがわかります。

表 18.1 を見てわかるように，レース前後のストレスの管理およびレース前の栄養状態やレース中・レース後の栄養補給はリカバリーにとって非常に重

表 18.1　リカバリーにかかる時間を左右する要因

段　階	1	2	3
レース前			
1. 年齢	40 歳以下	40〜60 歳	60 歳以上
2. コンディショニング	高い	中程度	低い
3. 栄養状態	よい	普通	悪い
4. テーパリングおよび休憩	よい	普通	悪い
5. そのスポーツの経験	10 年以上	5〜10 年	5 年以下
6. 生活上のストレス（家族，仕事，個人的，旅行）	少ない	普通	多い
レース中			
1. スポーツ種目	サイクリング	トライアスロン	ランニング
2. レースの距離（能力に対して）	短い	普通	長い
3. レースの強度（距離に比べて）	トレーニングの一貫として行う	中等度強度	全力で追い込む最速のペース
4. 栄養補給（食事／水分）	よい	普通	悪い
5. コース	簡単	普通	難しい
6. 天候（温度／湿度）	完璧	まずまず	悪い
レース後			
1. 栄養補給（食事／水分）	よい	普通	悪い
2. 生活上のストレス（家族，仕事，個人的，旅行）	少ない	普通	多い
3. レース後の運動（強度／持続時間）	楽／短い	中程度	速い／長い

出典：©Gale Bernhardt の許可を得て掲載。

第18章 ま と め

要です。これらのことは自分でコントロールすることができますし、長期的に計画を立てれば、自分のトレーニングもコントロールできます。レースに向けたコンディショニングのレベル、徐々にトレーニング強度を落としていくこと（テーパリング）に対する注意などは、すべてリカバリーの時間に直接影響を与えます。経験を積み重ねることによって、そのスポーツにおけるアスリートとしてのさまざまな能力が向上するでしょう。またレース中、正しいペースで食べたり飲んだりする能力も向上します。レース当日の気象条件をコントロールすることはできませんが、レース後1週間の運動は、確実にコントロールできるのです。急いでトレーニングにもどろうとして、リカバリーを放棄しないでください。

トレーニングをコントロールできることは、バランスがよいアスリートの証です。栄養をよくとって、ストレスを減らし、トレーニングのバランスがよければ、リカバリーもうまくできるでしょう。生理学者のビル・サンズは、私に「愚かなコーチング、無理なトレーニング計画では、いいリカバリーはできない。より良いリカバリーをするためには、よくトレーニング計画を立て、トレーニングを知的に行い、正しい食事をして、賢いコーチを雇うことが必要だ」と言っています。以上のような、トレーニングや食事などがバランスよく実践できていたら、リカバリーを促進するためにPART IIで述べたリカバリーテクニックに焦点を当てることができます。本書の第19章と第20章では、これらのテクニックをどのようなスケジュールで進めていくのかを示してあります。

リカバリーは、自分の経験に関連していることを覚えておきましょう。2010年バッドウォーター・ウルトラマラソンで総合3位、女子1位だったジェイミー・ドナルドソンは、「ウルトラマラソンをはじめた頃、リカバリーに何ヵ月もかかったが、最近では、ウルトラマラソンを完走してから3週間後には、100マイルレースを走ることができるようになった。レース後に行うリカバリーのためのトレーニングは、レース前に行うトレーニングと同じように重要なことが理解できたからだ」と言っています。あなたの身体も成功を遂げた彼女のように、過去の体験などから学び、反応してくれるでしょう。ガイドライ

ン（表 B.1〜B.4）は，あくまでも参考にしてください。レース後のリカバリーは，個人個人で大きく異なります。生活上のストレスが多い人はレース後のリカバリーに6ヵ月かかることもありますし，優秀なアスリートは4〜5日後には通常のトレーニングにもどっている場合もあります。

　自身の身体が，ある程度スポーツに慣れて，リカバリーをする回数が増えれば，より早く適応するようになり，トレーニングを再開できる準備ができます。年をとっていれば，身体が発する知らせ（痛みや疲れなど）に従うよう，注意する必要があります。5年前にできたことが，いまでは十分にできないかもしれません。年齢とともにリカバリーに必要な時間は長くなります。

各期におけるリカバリー要素

　第19章，第20章に示したリカバリー・プロトコルを実践するうえで，以下のことをすればリカバリーとトレーニングを両立させることができます。自分に適応でき，定期的に実施できることを選んでください。

毎　日

- 運動やリカバリーの状況を記録する。
- トレーニング以外に，集中できる時間を過ごすための趣味やきっかけをつくる。
- 昼寝や夜の睡眠で十分に睡眠時間をとるようにする。
- 健康的で変化に富んだ食事をとる。
- 220〜450 g のタルト・チェリージュースを飲む。
- 約1,000 mg のエイコサペンタエン酸（EPA）/ドコサヘキサエン酸（DHA），あるいは大さじ1杯の亜麻の種子か小さじ1杯の亜麻油など，n-3系脂肪酸のサプリメントをとる。
- 温かいお風呂に入る。好みでエプソム塩を入れる。
- 瞑想およびリカバリーに役立つヨガのポーズ，特にレッグズ・アップ・ザ・ウォールを行うための時間をつくる。

第18章　ま と め

毎　週
- トレーニング日誌をチェックして，目標と全体的なストレスレベルを評価する。必要によっては調整する。
- 激しい運動の後，リカバリーソックスをはく。ノーマテック（第13章参照）があれば使う。
- ワールプール（渦流浴）にちょっとの時間座る。激しい運動から時間を置いたタイミングで行う。
- 週3～4回セルフ・マッサージを行う。
- 必要と予算に応じて，1～2週間に1回セラピストによるマッサージを予定に入れる。
- 家やスタジオで週に2～3回，長めのリカバリーに役立つヨガを行う。

毎　月
- 自分の目標と精神的スキルについて話し合うためにスポーツ心理学者に会う。
- 自分の栄養状態について話し合うためにスポーツ栄養士に会う。

季節ごと
- ランニングシューズが良好な状態にあるかチェックする。状態が悪ければ取り替える。

年に2回
- トレーニング内容を変更した場合は特に，自転車や使用する機器類のチェックをする。
- 自分の技術を，コーチに分析してもらう。

毎　年
- アスリートに詳しい医療専門家の健康診断を受ける。

シーズン間のリカバリー

　第19章と第20章では，きついトレーニングやレースの数時間後には何をすればいいか，数日後には何をすればいいかについて説明します。それ以外にも，シーズンのピークとなるレース後に，身体的および精神的リカバリーのための時間をとる必要があります。常にすぐ次のトレーニングサイクルに入ってしまうと，時間をかけたリカバリーを行うことができず，最終的には自分のパフォーマンスを悪化させることになります。

　1年間のピークとなる試合などの後には，少なくとも1～2週間は空けておきます（春のピークの後と秋のピークの後に2つの移行期間を設定するとよいでしょう）。この移行期間では，いつもの習慣をやめ，違うスポーツをやったり，歩くだけにします。身体的にも精神的にも自分の電池を再充電する期間です。そうすることで，次のトレーニングサイクルに向けて，身体的，精神的に適切な状態にすることができます。

　この移行期間には，なるべくいつもの習慣から離れるようにします。休暇と同じタイミングであれば，家族や友達とゆっくり時間を過ごすことができます。また，自転車には乗らずしまったままにするか，ランニングシューズも干したままにするくらいにしたほうがいいでしょう。

　ウルトラ・ランナーからいくつかの手がかりをみつけることができます。ウルトラ・ランナーのレースはとても大きな規模なので，リカバリーにも大きな注意を払わなくてはなりません。カミ・セミックは，「ウルトラ・ランのシーズンは期間が長いため，毎年ランニングとの関係を断つ期間を設定し（普通はシーズン最後のレースの後），この期間は2～3日完全に休む。それから3～4週間はスキーを楽しみ（ノルディックとダウンヒル），プール・ランをするなど，4～6週間は質の高いランニングをしないし，走っても2時間以内にする」と言っています。

　リカバリーは，身体的レベルだけで起こるわけではありません。長いイベントの間，精神的な面のリカバリーも考えましょう。ウルトラ・ランナーのアネット・ベドノスキーは，「レース後のリカバリーでは，身体的に休むのと同じ

第18章　ま　と　め

ように精神的に休むことも必要である。例えば，マッド・シティーでのランの後は，15分ほど直接アイス・バスに入り，その後，昼寝をした。そして，次の週では，走ること，レースすること，将来のトレーニングのことなどを考えないようにした。毎日いろいろな運動をしたが，パフォーマンスやトレーニングに焦点を当てないようにすることが重要だ」と言っています。

　これには多くのアスリートが賛同しています。自分の目標や身体のことをよく知れば，自分のリカバリーに何が必要かがわかり，その通りに行動ができるようになります。そのためには，所定の計算式などよりも，自分の身体が発していることに耳を傾け，何が必要なのかを自分で考えることが必要なのです。レースを走った直後は，とても興奮しています。その時点では気持ち的にはまだまだ走りたいと思っても，身体は言うことを聞いてくれません。自分で自分を制御することはとても難しいことです。しかし，そのようなときは，最も身体が壊れやすい状態になっているので，自分が自分のコーチになって，走らないように注意をしなければなりません。

　シーズンでのリカバリー期間はどのくらいにすべきなのでしょうか。ピークの週に何時間トレーニングをしたのかによって，同じ数の日数だけ決めたトレーニングを入れないようにする，という簡単なルールがあります。1週間に7時間きついトレーニングをした場合，楽なトレーニングを1週間入れれば十分です。規則的に週に20時間のトレーニングをしている場合は，精神的な休息のためにリカバリー期間として3週間はとったほうがよいでしょう。

　以上のように，リカバリーに要する期間は，経歴と目標によって異なります。短いレースでしたら1～2週間で十分かもしれませんし，長いレースの後に，またトレーニングにもどるためには1ヵ月以上時間がかかる場合もあります。アイアンマンレースの後に何ヵ月も自転車に乗らない人たちの話をよく聞きます。これはトレーニングの失敗によるものではないのです。このようなときは，自分の身体のニーズに十分耳を傾けることができていますし，トレーニングへの情熱がある証拠です。

19 ショート・ディスタンス・トレーニングとレースからのリカバリー

　自分が実際に行っているリカバリー方法が，自分自身にとって最も実践的なリカバリー方法でしょうか。これから述べるリカバリー・プロトコルを検討しながら，自分に最もあっているのが何かを考えてください。かけた時間とお金に見合う価値が見出せますか，セルフ・マッサージは上手ですか，それともセラピストを雇ったほうがいいですか，アイスバスを行えますか，コンプレッション・ソックスを必ず旅行に持って行きますか，それとも荷物は最小限にするほうですか。リカバリー・プロトコルの各要素から，自分にとって最も役に立つプランを組んでください。ここでは，完全版と簡易版の両方を示しました。図 19.1, 図 19.2 では完全版をグレーで示し，簡易版は黒で示しました。
　「ショート・レース」をどのように定義するかは，その人の経験によって異なります。ここでは，ショート・レースとは 2 時間未満のもの，あるいは経験豊富なアスリートの場合は 2 時間くらいのオリンピック・ディスタンス・トライアスロン（スイム 1.5 km，バイク 40 km，ラン 10 km の計 51.5 km）のことと定義します。ショート・レースのためのトレーニングには，リカバリー・プロトコルに特別な注意は必要ありません。十分な睡眠をとり，さまざまな健康的な食べ物を確実にとり，そして全体的なストレス負荷を管理するという 3 つの要素に注意をすれば，トレーニングや日常生活からのリカバリーに，素晴らしい成果をあげることができるでしょう。
　しかし，ショート・ディスタンス・レースのためのトレーニング過程にお

いても，リカバリーのために注意が必要な場合もあります。とてもきついトレーニングや長時間のトレーニングの後には，有効なリカバリーの内容について，確認することが必要です。確かにきついトレーニングによって，スイム，バイク，ランのスピード，距離，持続期間の限界が高まります。ここでは90分以上，または最近最も長くトレーニングした時間より15分長い場合を長時間のトレーニングとして考えます。

トレーニング・サイクルのピークの後に，リカバリーに集中することは，次のトレーニング・サイクルを設定するのに役立ちます。次のトレーニング・サイクルをはじめる前に，身体のケアとそれに必要とされる時間をつくるようにしましょう。

ショート・ディスタンス・トレーニング中のリカバリー・プロトコル

リカバリーは，すべてのトレーニングが終わる前のクールダウンからはじまります。クールダウンは10分程度の簡単な軽い運動にし，段々と楽にしていくようにします。例えば，ランの終わりに歩いたり，サイクリングの終わりに軽くこいだり，スイムの終わりに浮身をとったり軽くキックをしたりすることです。一度動きを止めたら，運動で使用した筋群を優しくストレッチします。深く押してはいけません。筋繊維を伸張し，筋繊維が癒着するのを防ぐた

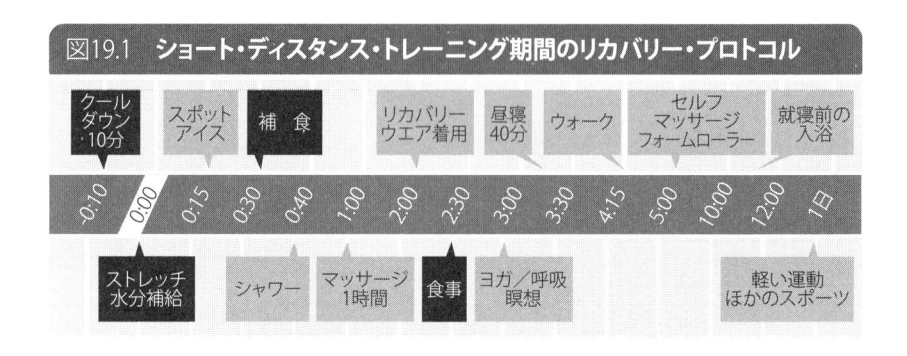

図19.1　ショート・ディスタンス・トレーニング期間のリカバリー・プロトコル

-0:10	クールダウン・10分
0:00	ストレッチ・水分補給
0:15	スポットアイス
0:30	シャワー
0:40	補食
1:00	マッサージ1時間
2:00	リカバリーウエア着用
2:30	食事
3:00	昼寝40分
3:30	ヨガ／呼吸瞑想
4:15	ウォーク
5:00	セルフマッサージフォームローラー
10:00	軽い運動ほかのスポーツ
12:00	就寝前の入浴
1日	

めに血流を増加させるようにしてください。ストレッチをしているときに，水分補給のためにスポーツドリンクを少しずつ飲み，カロリーの補給もしましょう。

ストレッチの後，シャワーを浴びる前に，痛みのある部分があれば，患部に10分ほどアイシングをするとよいでしょう。そして，なぜそこに痛みがあるかをよく考えてください。誤ったフォームや無理な姿勢などのバイオメカニクス的な問題はありませんか。

アイシングをしている間またはストレッチが終わったら，炭水化物がたっぷり入っているリカバリースナックを食べながら栄養補給を行います。その後，良好な栄養摂取の環境を整えて，さまざまなフルーツを食べ，野菜，穀物，低脂肪タンパク質および身体によい脂肪が含まれている栄養をとりましょう。

その後，その日のコンディションに合わせて，マッサージを入れたり，リカバリー・ウエアを着ることもリカバリースケジュールのなかに入れます。ヨガや瞑想をすることで，リラックスができ，リカバリーが増進します。ある時点で，昼寝をするか数分足を上げるかのどちらかをするようにしましょう。午後の終わりにかけて，少し軽い運動をすれば血液循環が促され，痛みが軽減するでしょう。犬や友達と近所を散歩しましょう。その後，フォームローラーで軽く筋肉をほぐします。

そして，睡眠時間が十分にとれるように，早く寝るようにしましょう。寝る

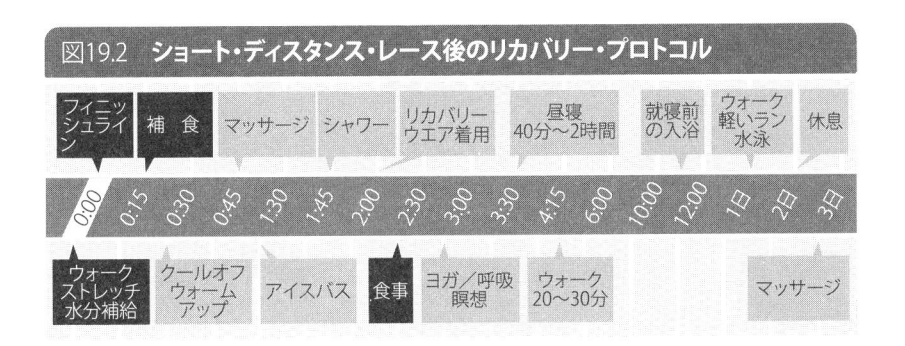

図19.2　**ショート・ディスタンス・レース後のリカバリー・プロトコル**

前には，温かいお風呂に入りましょう。好みでエプソム塩を入れてもいいでしょう。

次の1〜2日間は，リカバリーの状態をよく確認しましょう。激しい運動や長時間の運動を行った次の日に，特に同じスポーツで頑張りすぎないよう注意をしてください。

ショート・ディスタンス・レース後のリカバリー・プロトコル

レース後も，トレーニング中に設定したリカバリー・プロトコルを行いますが，栄養補給，水分補給，休息については特別に注意を払います。レース後は，最初に10分ほど歩いて心拍数と血圧を安定させます。

レースに参加したときは，普段のトレーニングのときと比べて，適切なリカバリースナックを確保するのが困難です。前もって考えて，自分で持って行くか，レース後に提供されたものからよいものを選びましょう。炭水化物や脂肪の少ないタンパク質を探し，水分補給とともにナトリウムも摂取するようにしましょう。レース後の数時間は，水かスポーツドリンクを少しずつ飲むようにしましょう。

体温が安定しているかどうかを確認しましょう。もし体温が高い状態であれば，子ども用のプールなどに座ったり，身体に水をかけてください。外が寒ければ，温かく，乾いている服に着替えましょう。

マッサージサービスがある場合は，受けてもかまいませんが，セラピストとしっかりとコミュニケーションをとるようにしましょう。このときのマッサージは深部組織に対するものではなく，軽くフラッシュ・アウトするものです。終わったら，コンプレッション・ソックスかタイツを着用しましょう。

家へ帰るまでは，ところどころで休憩を入れるようにしましょう。家までの移動距離が長ければ，定期的に車を止め，車から降りて少し歩くようにしましょう。しっかりと水分補給をするのであれば，1〜2時間ごとに止まる必要があります。

第 19 章　ショート・ディスタンス・トレーニングとレースからのリカバリー

　レースの翌日に，30 分程度の短いリカバリー運動をすれば，疲労を軽減することができます。やっているスポーツによって，歩いたり，自転車をこいだり，軽く泳いだりしますが，けっして走らないでください。遅発性筋肉痛（DOMS）は通常レースの 2 日後にピークになります。その日までは完全に休んだほうがよいでしょう。

　以上のように疲労物質を処理する時間を確保して過ごしましょう。その時間は，レースレポートを書くのに最適な時間です。

　レース後 3 日目にマッサージを受けると，次のトレーニング・サイクルの下準備になります。自分の疲労状態に注意しながら，慎重にトレーニングにもどりましょう。パフォーマンスの低下がみられた場合，それがトレーニングによるものか，レース後の体力低下によるものかを混同しないようにしましょう。パフォーマンスが低下している場合の多くは，まだリカバリーが必要だというサインです。

20 ロング・ディスタンス・トレーニングとレースからのリカバリー

　長時間の運動には長いリカバリー時間が必要であり，リカバリーの状態により注意を払う必要があるため，すぐに次の段階のきついトレーニングなどを行うことはできません。長距離のレースなどにおけるパフォーマンス発揮をより大切にするのであれば，リカバリーをより重要視する必要があります。

　優秀なマラソンランナーでオリンピック選手のカラ・ゴーチャーは，長距離を走った後，一連のリカバリーのために，走った時間とほぼ同じくらいの時間（2時間程度）をかけます。彼女は飲み物とリカバリースナックをとることからはじめ，その後プールで15～30分の水中ジョギングをします。さらに，マッサージを受けた後に，アイスバスに入ります。長距離を走っ後，すぐにプールやマッサージ・セラピスト，アイスバスをすべて利用できなかったとしても，ほかの方法と組み合わせることで，リカバリーに取り組むことができます。

　プロのトライアスリートで医学博士のアレックス・マクドナルドは，長時間の運動後のリカバリーのために，カロリー（calorie），冷却（cold），圧迫（compression）の3つを重要視し，「3つのC」と呼んでいます。カロリーは栄養を補給し，冷却と圧迫は炎症を鎮静化させるのに役立ちます。そして，長時間の運動を行った後の日常生活やトレーニングによるストレスを軽いものにすることで，これからもまたトレーニングをしたいと思うことができるようになるでしょう。

PART III　リカバリー・プロトコル

ロング・ディスタンス・トレーニング中の
リカバリー・プロトコル

　長距離トレーニング後のリカバリーは，実際のレースの後に行うリカバリーの練習（リハーサル）になります。自分に最も適切な要素が決定したら，プロトコルに従ってください。例えば，運動が終わった後，水分補給をしながらクールダウンと非常に軽いストレッチからはじめます。50分から2時間のランニングが含まれるトレーニングの後では，10〜15分間冷やしたり，アイスバスに入ることも検討してください。アイスバスに入りながら，温かいリカバリースナックを食べてもかまいません。もしそれほど長時間走っていなくても何となくちょっといつもと違う感じがする場合は，その部分をアイシングして，なぜそのようなことになったのか，何か変わったことをしたかを考えましょう。

　シャワーを浴びた後，午後の遅い時間にマッサージを受けると，一連のリカバリーがさらに効果的になります。セラピストには，自分がどんな感じであるかということと，長距離のトレーニングをしてきたことをはっきりと伝えましょう。もしコンプレッション・ソックスやタイツを着用したければ，シャワーやマッサージの後で着用しましょう。昼寝をするときは，履いたままでも，脱いでもかまいません。

　1日を通してよく食べるようにしましょう。タンパク質をとり，水分補給を

図20.1 ロング・ディスタンス・トレーニング期間のリカバリー・プロトコル							
クールダウン10分	冷却	シャワー	リカバリーウエア着用	昼寝40分		ウォーク	就寝前の入浴
-0:10　0:00	0:20	0:30	0:40　1:00	2:00　2:30	3:00　3:30　4:15	5:00　6:00	10:00　12:00　1日
ストレッチ水分補給	補食		マッサージ1時間	食事	ヨガ／呼吸瞑想	セルフマッサージフォームローラー	軽い運動ほかのスポーツ

続けてください。午後に軽くヨガをすることや，呼吸エクササイズ，瞑想も役に立ちます。昼寝をしたり，ただ足を上げて本を読んだり休んだりする，静かな時間を過ごすとよいでしょう。

夕食の前に，近所を散歩をしてからフォームローラーで少しマッサージをします（その日にマッサージを受けていれば，必要はありません）。それからよく食べて，リラックスできることをして，温かいお風呂に入りながら寝る準備をします。

長距離トレーニングをした次の日は，楽にしましょう。軽い運動をするか，できれば違うスポーツをするのがよいでしょう。あまり強度の高い運動をしないようにしましょう。

ロング・ディスタンス・レース後のリカバリー・プロトコル

長距離レース後のリカバリー・プロトコルによって，トレーニングで得られた効果がより高められます。リカバリーをする際には，場所に合わせてその方法を調整する必要があります。例えば，湖で行われたトライアスロンレースの後であれば，水中に腰まで浸かった状態でリカバリースナックを食べることができます。場合によっては，氷を満たした子ども用プールに浸かってもよいでしょう。一方，寒い環境でレースをした場合には，温かい衣服に着替えま

図20.2　ロング・ディスタンス・レース後のリカバリー・プロトコル

0:00	フィニッシュライン	ウォーク／水分補給
0:05	補食	クールオフ／ウォームアップ
0:15		
0:30	マッサージ	
0:45		アイスバス
1:30	シャワー	
1:45		食事
2:00	リカバリーウエア着用	
2:30		ヨガ／呼吸／瞑想
3:00		
3:30		昼寝 40分〜2時間
4:15	ウォーク 20〜30分	
6:00		
10:00	就寝前の入浴	
1日		ウォークまたはフロート
2日	休息	
3日		マッサージ
1〜14日	回復	

レースが続くときのリカバリー

レースが続いているときのリカバリーには，特別に注意を払う必要があります。例えば，200マイル以上のリレーレースの1区間を走るとか，マウンテンバイク・レースチームのメンバーの1人として参加するときなどが含まれます。サイクリング・レースは週末や1週間に1回以上のレースが開催されることが多くあります。スポーツの人気が高まるにつれて，レースの主催者は，同じ週末に1つの場所でいくつかのレースを開催することが多くなってきました。そのような場合，1つのイベントであっても，2つのレースを行うことになりますので，リカバリーはその2つのレースを合わせて計画しなければなりません。

私が指導しているケーティは，土曜日にハーフ・アイアンマン・レース，日曜日にスプリント・トライアスロンと，2つのレースに出場しました。彼女は，以下に示したリカバリー・プロトコルを実践して，いい結果を出しました。

あなたは今週およびレース中に何をすればいいかわかっていますね。レースまでの準備が万全で，楽しみを感じられているならすべてはうまくいくでしょう。しかし，土曜日のハーフ・アイアンマン・レースの後で，次の日のレースも前向きな気分のままで行うためには，リカバリーのために以下のことをタイミングよくやることが重要です。

- ゴールに入ったらすぐに，空腹感とは関係なく，若干のタンパク質とともに炭水化物を200〜300 kcal程度食べるか飲むかする。例えば，リカバリードリンク，スムージー，ピーナッツ・バターが塗ってあるベーグルなどがよい。この点は，どんなに強調しても強調しすぎるということはない。
- スナックを持ったまま湖に入るか，アイスバスに浸かる。湖なら20分以下，アイスバスなら15分以下にする。
- 家に帰る。シャワーを浴びる。楽な洋服を着てリカバリー・ソックスを履く。
- よい食事をする。また，タンパク質をとる。ゲーターレードのような飲物を飲む。水分を補給する。この食事はレースが終わってから2時間以内に食べる。
- 必要であればアドビル（イブプロフェン）を飲んでもよい（非ステロイド系抗炎症剤は長い間の使用やレース期間中の使用は避けるべきですが，短時間に炎症を軽減し，痛みを和らげ，眠気をうまく誘います）。
- 横になって，足を高くして，できれば昼寝をする。
- 夕食時間ころに，軽くウォーキングをする。
- アルコールを1〜2杯飲む。3杯以上はダメ（ここでの目標はレースのある週末の楽しさをサポートするためです）。
- 睡眠をとる。
- 次の日の朝，出発するときに身体が硬く感じても気にしない。泳ぐことで，驚くほど，自由に動けるようになる。

第20章　ロング・ディスタンス・トレーニングとレースからのリカバリー

しょう。レース会場で，マッサージを受けてもかまいませんが，できるだけ軽いマッサージにしましょう。

　レースが終了してから数日間は，トレーニングをするよりも，軽い運動として積極的に歩いたりすることのほうが大切です。レースの次の日はゆっくり歩いたり，または温水プールに浮かんで楽しむとよいでしょう。遅発性筋肉痛は，通常，レースなどの2日後にピークとなります。その日は完全に休むようにしましょう。そのときに，レースを振り返る時間ができれば，レースリポートを書くのに最適な時間になります。レース後の数日間から数週間は，質の高い食べ物をとり，水分補給をし，睡眠時間を十分にとって，精神的にもリカバリーができる時間をとるようにしましょう。

目標に目を向ける

　私が教えているヨガクラスでは，最初に練習の目標を決めますが，練習を進めていく段階で，最初に立てた目標を見つめ直し，必要に応じて修正していきます。私は，アスリートに運動を指示するときは，なぜその運動をしているのかを明確にし，そのアスリートの目標にどのように役に立つのかを説明します。自分でトレーニングやリカバリーをするときもこれと同じようにしましょう。いままでの経験を通して，先のことに目を向けてください。

　目標が，毎年大きなレースで自分のベストを出すことであれば，それを達成するためには，リカバリーは重要です。また，連続したレースやゲーム・シーズンにおいていいレースができることが目標であれば，リカバリーがうまくできれば，1つでも多くのレースでよい結果を出すことができます。トレーニングやレースに参加することによって，健康的になることが目標であっても，リカバリーをすることで，目標達成に近づくことができます。

　リカバリーを最優先に考えることで，自分の願いでもあるストレスと休息との比率を保てるようになります。そうすれば，スポーツがこれから何年も，人生に貴重で実のあるものになるに違いありません。

付録 A
トレーニングへの復帰

　ウィリアム・アンド・メアリー大学のアスレティック・トレーナーのスティーブン・コールは，ダン・クランド博士とともに4段階からなるランニングへの復帰プランを作成しました。彼の許可をもらって紹介します。

　ランニングは衝撃の高い運動なので，しばらく休んだ後にトレーニングなどに復帰する際は，段階的に，慎重に行わなければなりませんが，そのためには，かなりの自制心が必要となります。サイクリングや水泳のような衝撃の低い活動であれば，より早く復帰することができます。より合理的で計画的な復帰プランを立てるためには，ヘルスケアの専門家と相談するとよいでしょう。

ランニング復帰プログラム

　スティーブン・コールとダン・クラウド博士による。

第1段階：ウォーキング・プログラム

　プライオメトリック・トレーニングやウォーク／ジョグ・プログラムをはじめる前に，できればトレッドミル上で，痛みなく速く（時速4.7〜8.3 km）歩くことができるようになる必要があります。

表A.1　プライオメトリック・エクササイズの手順

エクササイズ	セット	セットあたりの歩数	合計歩数
ツー・レッグ・アンクル・ホップ・イン・プレース	3	30	90
ツー・レッグ・アンクル・ホップ・フォワード・バックワード	3	30	90
ツー・レッグ・アンクル・ホップ・サイド・トゥー・サイド	3	30	90
ワン・レッグ・ホップ・イン・プレース	3	20	60
ワン・レッグ・ホップ・フォワード・バックワード	3	20	60
ワン・レッグ・ホップ・サイド・トゥー・サイド	3	20	60
ワン・レッグ・ブロード・ホップ	4	5	20
合　計	22		470

休憩インタバール：セット間90秒，エクササイズ間3分。
注意：エクササイズとエクササイズの間では，腓腹筋，ヒラメ筋，大腿四頭筋，ハムストリングスのストレッチをする。
足指・踵着地，トリプル・フレクション（股関節屈曲，膝関節屈曲，足関節背屈），トリプル・エクステンション（股関節伸展，膝関節伸展，足底屈曲），衝撃の少ない着地に特に注意する。
膝，大腿部あるいは股関節の損傷からリカバリーをしようとしている場合は，膝と股関節の屈曲域を広げることも取り入れる。
痛みを感じたり，エクササイズが完了できない場合，運動をやめて，ストレッチをし，痛みの生じた部分にアイシングをする。翌日に痛みがなければ，再度プログラムをはじめる。

第2段階：プライオメトリック・エクササイズ・プログラム

1.6 km（1マイル）を走ると，だいたい片脚で750歩，合計1,500歩程度になります。**表A.1** に示したプログラムは，各脚の合計が470歩，つまり1.6 kmあたりの歩数の約2/3です。このプログラムが完了することができれば，800〜1,200 mの距離を走ることができるようになったというよい指標になります。

第3段階：ウォーク／ジョグ移行プログラム

以下の条件が守られれば，このプログラム（**表A.2** 参照）は平らな地面ではじめてもかまいません。

1. 第1段階（ウォーキング・プログラム），第2段階（プライオメトリッ

表 A.2　ウォーク／ジョグ移行プログラムの進め方

	ウォーク	ジョグ	繰り返し	合計時間
ステージ1	5分	1分	5	30分
ステージ2	4分	2分	5	30分
ステージ3	3分	3分	5	30分
ステージ4	2分	4分	5	30分
ステージ5	1日おきにジョギングをし，30分連続してジョギングできるようになることを目標にする。まず5分間のウォーキングからはじめ，少しずつペースを上げる。最後に5分のウォーキングをして，徐々にゆっくりしたペースまで落とす。			

ク・エクササイズ・プログラム）が完了している。
2. 普通の日常活動は，痛みなく行える（1～10の痛みのスケールで，0が正常，10が最も痛みが強い。0でなくてはならない）。
3. 損傷部分を押しても痛みがない。

プログラムの進め方
1. ジョギングで痛みがあれば，プログラムを中断し，アイシングをして，次の日に前のステージにもどる。痛みや不安感が残ったり増悪した場合は，不安が減少するか，なくなるまで前のステージにもどる。
2. 実施したステージの活動中や終わった後に痛みがなく，翌朝，不安感や普通の動きを制限するような硬直がなければ，次のステージに進む。

疼痛管理

72時間以上，関節の腫れや筋肉の痛みが続くようであれば，運動のやりすぎです。時間や強度を減らし，運動中の休憩を増やす必要があります。

運動前には患部に湿性の温熱をあて，十分にストレッチをします。運動が終わった後は，すぐに15～20分ほどアイシングをしましょう。

運動している間に硬くなる部分があれば，運動をやめ，その部分をストレッチをします（30秒ずつ3回）。硬さがゆるんだら，運動を再開します。再度同じように硬くなったら，また運動をやめストレッチをしましょう。

痛みが出たり，3回ストレッチをしても硬さがとれなければ，活動を中止し，20分ほどその部分のアイシングをします。

痛みの場所が一定の位置にあるのか，移動するのか，具体的に特定することが重要です。

1. 痛みが一定の位置にある場合：十分に注意しながら，エクササイズ・セッションの間に休憩を入れて，運動強度（ペース）をさげ，平らで柔らかい面でエクササイズをしましょう。
2. 痛みの位置が移動する場合：エクササイズは続けますが，強度は上げないようにしましょう。

痛みがあるときは，どのような痛みであるかを特定することが重要です。

タイプ1（運動後に痛む場合）：痛みのある部分をよくストレッチする（少なくとも3〜5回，それぞれを少なくとも30秒間保持する）。長く，ゆっくり，やさしいストレッチをした後20分間アイシングをする。痛みが筋肉だけであれば，プログラムを続ける。関節の痛みや腫れが増強したら，セッション間の休憩を増やし，前のステージにもどる。

タイプ2（運動中や運動をはじめる際に痛みがあり，その後なくなる場合）：ステージは維持し，症状がなくなるまで速度（ペース）を落とす。

タイプ3（運動を続けたり，運動強度が上がるに従って痛みが強くなる場合）：運動強度は維持する。症状が続いたら前の運動強度まで落とす。症状が軽減しなければ，中断して軽減するまでストレッチを行う。それでも軽減しなければ運動を中止し，前のステージにもどる。※運動強度：速度（ペース）やステージ。

タイプ4（夜眠れないほど痛かったり痛みで目が覚める場合）：運動のやりすぎ。完全に症状がなくなるまで休み，前のステージまでもどって，速度（ペース）は抑える。

翌朝，起床時に痛みがなくなる場合：より痛くなる徴候のため，前のステージまでもどって，速度（ペース）は抑える。

表 A.3　走行時間からみたランニング・スケジュール（中級），1〜8 週目

日	1	2	3	4	5	6	7	週
時間（分）	30	—	30	—	30	—	35	1
	—	30	—	30	—	35	—	2
	35	—	30	—	35	—	35	3
	—	35	—	40	—	35	—	4
	35	—	40	—	40	—	35	5
	—	40	—	40	—	40	—	6
	45	—	40	—	40	—	45	7
	—	45	—	40	—	45	30	8

注：8 週目からは 2 日以上連続で走る。

表 A.4　走行時間からみたランニング・スケジュール，9 週目以降

日	1	2	3	4	5	6	7	週
時間（分）	—	45	35	—	45	40	—	9
	45	45	—	45	45	30	—	10
	45	45	35	—	45	45	40	11
	—	45	45	45	—	45	45	12

Steven L. Cole ATC, CSCS [1]より引用。

　数日間から数週間は，痛みが強くなっているか，変わっていないか，少しずつなくなっているか，痛みのレベルを評価することが重要です。0 から 10 の痛みのスケールを使って，「0：痛みがない」から「10：最も痛み強い」で評価します。

- 痛みが強くなっている：完全に休んで，前のステージにもどり，エクササイズの強度を落とす。
- 変わっていない：前のステージにもどり，痛みがなくなるまでそれを維持する。

表 A.5　走行時間からみたランニング・スケジュール（上級），1～6 週目

日	1	2	3	4	5	6	7	週
時間 (分)	30	—	30	30	—	35	30	1
	—	35	35	—	40	35	—	2
	40	40	—	45	40	—	45	3
	45	—	45	40	30	—	45	4
	40	35	—	45	40	40	—	5
	45	45	40	—	45	45	45	6

表 A.6　走行時間からみたランニング・スケジュール（上級），7～12 週

日	1	2	3	4	5	6	7	週
時間 (分)	—	50	45	40	—	50	45	7
	45	—	50	50	45	—	50	8
	50	50	—	55	50	50	—	9
	55	55	50	—	55	55	55	10
	—	60	55	55	—	60	60	11
	55	—	60	60	60	—	65	12

Steven L. Cole ATC, CSCS [1]より引用。

第 4 段階：走行時間からみたランニング・スケジュール

走行時間からみたランニング・スケジュール（中級）

　走行時間からみたランニング・スケジュール（中級）は，疲労骨折や病気などによって，4 週間以上，足がつけなかったり，体重をかける活動ができなかったアスリートが，リカバリーやトレーニングに復帰するときのために考案されたものです。

　このプログラム（**表 A.3**，**表 A.4**）は，前述の第 1 段階〜第 3 段階が完全にできていれば，平らな面ではじめてかまいません。はじめの 8 週間は，1 日おきに走ります。休みの日は，クロストレーニング，アクティブ・レストにしたり，完全休養とします。1.6 km を 8〜9 分のペースで走れるように努力します。8 週以降は，2 日走り，1 日休息をとるペースに上げます。

走行時間からみたランニング・スケジュール（上級）

上級スケジュールは，肉ばなれなど軟部組織損傷からのリカバリーを目指し，ランニング中断が4週間以内（クロストレーニングは行っている）のランナーを対象としたものです。

このプログラム（**表A.5**）は，前述の第1段階～第3段階が完全にできていれば，地面ではじめて構いません。はじめの3週間は，2日連続して走り，1日休養をとります。休みの日は，クロストレーニング，アクティブ・レストにしたり，完全休養とします。1.6 kmを7.5～8分のペースで走れることを目標にします。

この上級スケジュールは，6週間で中級のスケジュール12週目（**表A.4**）と同じトレーニング頻度になります（ペースも速くなります）。

プログラムの進め方

- ジョギングをして痛みがあれば，止まって，アイシングをし，翌日は前のステージにもどる。もし痛みや不快感が残ったり増悪する場合は，不快感が減少するまで，前のステージにもどる。
- 各ステージの運動中や終わった後も痛みがなく，翌朝，不安感や普通の動きを制限するような硬直がなければ，次のステージに進む。
- ジョグやランの実施時間を増やす前に，強度（きつさや速さ）を増やす。
- 運動の頻度（週に何回ジョグやランをするか）を増やすときは，実施時間を減らす。
- 低い強度で数日間連続して走れるようになったら，休養の日の翌日に時間を増やすか，速度を上げて走る。その翌日は，時間と強度をもとにもどす。
- 10パーセントルール：1週間あたりの走行距離を増やすときは，前週の距離より10%だけ増やす。
- 運動の最中，続けられないほど強い筋のはりや不快感が増強したら，運動を中断し，運動開始から何分後に症状が出はじめたかを記録する。運動を行う際には，実施時間を症状が出た時間より短くし，1日に2回行うよう

表 A.7　走行距離スケジュール（前トレーニング：セッションあたり 6.4 km 以下）

日	1	2	3	4	5	6	7	合計
距離 (km)	0.8	0	0.8	0	0.8	0	1.6	4
	0	1.6	0	1.6	0	3.2	0	6.4
	3.2	1.6	0	3.2	3.2	0	4.8	16
	3.2	0	4.8	4.8	0	6.4	4.8	24
	0	6.4	6.4	0	6.4	6.4	0	25.6

Dan Kulund, MD より引用。（1 マイル 1.6 km で換算）

表 A.8　走行距離スケジュール（前トレーニング：セッションあたり 6.4〜9.6 km）

日	1	2	3	4	5	6	7	合計
距離 (km)	1.6	0	1.6	0	1.6	0	3.2	8
	0	3.2	0	3.2	0	4.8	0	11.2
	4.8	3.2	0	4.8	4.8	0	6.4	24
	4.8	0	6.4	6.4	0	8	6.4	32
	0	8	8	0	9.6	8	0	33.6

Dan Kulund, MD より引用。（1 マイル 1.6 km で換算）

表 A.9　走行距離スケジュール（前トレーニング週あたり 64〜96 km）

日	1	2	3	4	5	6	7	合計
距離 (km)	3.2	0	3.2	0	3.2	0	4.8	14.4
	0	4.8	0	4.8	0	6.4	0	16
	6.4	4.8	0	6.4	6.4	0	8	32
	6.4	0	8	8	0	9.6	8	40
	0	9.6	9.6	0	11.2	9.6	9.6	49.6
	0	11.2	11.2	12.8	11.2	0	14.4	60.8

Dan Kulund, MD より引用。（1 マイル 1.6 km で換算）

にする。例えば，運動開始から 24 分で症状が出たのなら，運動時間を 20 分に減らし，6〜8 時間あけて再度行う。
- ジョグやランは，固い路面や坂の多いところではなく，ゴルフ場やグラウンドのような平坦で柔らかい地面で行う。

トレーニングへの復帰

走行距離スケジュール

　2週間，1日おきに走り，それ以降の4週目は週に最大で5日間走ります。

　ケガをする前のトレーニング・レベルがセッションごとに6.4 km（4マイル）以下であれば，**表 A.7** の走行距離スケジュールに，前のトレーニング・レベルがセッションごとに6.4～9.6 km（4～6マイル）であれば，**表 A.8** の走行距離スケジュールに従ってください。4～6週間でケガをする前の距離にもどします。

　もしケガをする前のトレーニング・レベルが週ごとに64～96 kmの走行距離であれば，**表 A.9** の走行距離スケジュールに従ってください。4～6週間でケガをする前の距離にもどします。

付録B
リカバリーまでの日数

表B.1 ランニングレース後のリカバリーまでの日数

レース	時間	リカバリーまでの日数 早く	リカバリーまでの日数 ゆっくり
5 km	00:15	1	2
5 km	00:20	2	2
5 km	00:25	2	3
5 km	00:30	2	3
10 km	00:35	3	4
10 km	00:40	3	4
10 km	00:45	3	5
10 km	00:50	4	5
10 km	00:55	4	6
10 km	00:60	4	6
ハーフマラソン	1:05	5	7
ハーフマラソン	1:10	5	7
ハーフマラソン	1:15	5	8
ハーフマラソン	1:30	6	9
ハーフマラソン	1:45	7	11
マラソン（つづく）	2:00	8	12
マラソン（つづく）	2:15	9	14
マラソン（つづく）	2:30	10	15
マラソン（つづく）	2:45	11	17
マラソン（つづく）	3:00	12	18
マラソン（つづく）	3:15	13	20
マラソン（つづく）	3:30	14	21
マラソン（つづく）	3:45	15	23
マラソン（つづく）	4:00	16	24
マラソン（つづく）	4:15	17	26

表B.1 ランニングレース後のリカバリーまでの日数（つづき）

レース	時間	リカバリーまでの日数	
		早く	ゆっくり
マラソン（つづき）	4：30	18	27
	4：45	19	29
	5：00	20	30
	5：15	21	32
	5：30	22	33
	5：45	23	35
	6：00	24	36
ウルトラマラソン	7：00	28	42
	8：00	32	48
	9：00	36	54
	10：00	40	60
	11：00	44	66
	12：00	48	72
	13：00	52	78
	14：00	56	84
	15：00	60	90
	16：00	64	96
	17：00	68	102
	18：00	72	108
	19：00	76	114
	20：00	80	120
	21：00	84	126
	22：00	88	132
	23：00	92	138
	24：00	96	144
	25：00	100	150
	26：00	104	156
	27：00	108	162
	28：00	112	168
	29：00	116	174
	30：00	120	180
	31：00	124	186
	32：00	128	192
	33：00	132	198
	34：00	136	204
	35：00	140	210
	36：00	144	216
	48：00	192	288
	60：00	240	260

リカバリーまでの日数

表B.2 トライアスロンレース後のリカバリーまでの日数

レース	時間	リカバリーまでの日数 早く	リカバリーまでの日数 ゆっくり
スプリント	1:00	3	5
スプリント	1:15	4	7
スプリント	1:30	5	8
スプリント	1:45	6	9
オリンピック	2:00	6	10
オリンピック	2:15	7	12
オリンピック	2:30	8	13
オリンピック	2:45	9	14
オリンピック	3:00	9	15
オリンピック	3:15	10	17
オリンピック	3:30	11	18
オリンピック	3:45	12	19
ハーフ・アイアンマン	4:00	12	20
ハーフ・アイアンマン	4:15	13	22
ハーフ・アイアンマン	4:30	14	23
ハーフ・アイアンマン	4:45	15	24
ハーフ・アイアンマン	5:00	15	25
ハーフ・アイアンマン	5:15	16	27
ハーフ・アイアンマン	5:30	17	28
ハーフ・アイアンマン	5:45	18	29
ハーフ・アイアンマン	6:00	18	30
ハーフ・アイアンマン	6:15	19	32
ハーフ・アイアンマン	6:30	20	33
ハーフ・アイアンマン	6:45	21	34
ハーフ・アイアンマン	7:00	21	35
ハーフ・アイアンマン	7:15	22	37
ハーフ・アイアンマン	7:30	23	38
ハーフ・アイアンマン	7:45	24	39
アイアンマン	8:00	24	40
アイアンマン	8:30	26	43
アイアンマン	9:00	27	45
アイアンマン	9:30	29	48
アイアンマン	10:00	30	50
アイアンマン	11:00	33	55
アイアンマン	12:00	36	60
アイアンマン	13:00	39	65
アイアンマン	14:00	42	70
アイアンマン	15:00	45	75
アイアンマン	16:00	48	80
アイアンマン	16:59	51	85

表 B.3　自転車レース後のリカバリーまでの日数

レース	時間	リカバリーまでの日数 早く	リカバリーまでの日数 ゆっくり
クリテリウム	<1:00	1	3
ロード・レース	1:30	2	5
	2:00	2	6
	2:30	3	8
	3:00	3	9
	3:30	4	11
	4:00	4	12
	4:30	5	14
	5:00	5	15
	5:30	6	17
	6:00	6	18
マウンテン・バイク・レース	6:30	7	20
	7:00	7	21
	8:00	8	24
	12:00	12	36
	24:00	24	72

表 B.4　サイクロ・クロス後のリカバリーまでの日数

時間	リカバリーまでの日数 早く	リカバリーまでの日数 ゆっくり
00:30	1	3
1:00	2	3

参考文献および
推薦図書

Ali, A., M. P. Caine, and B. G. Snow. 2007. "Graduated Compression Stockings: Physiological and Perceptual Responses During and After Exercise." *Journal of Sports Sciences* 25: 413–419.

American Dietetic Association. 2009. "Position of the American Dietetic Association, Dietitians of Canada, and the American College of Sports Medicine: Nutrition and Athletic Performance." *Journal of the American Dietetic Association* 109: 509–527.

Anderson, O. N.d. "Heat Therapy and Ultrasound." Available at http://www.sportsinjurybulletin.com/archive/heat-therapy-ultrasound.html.

Apor, P., M. Petrekanich, and J. Sza´mado. 2009. "Heart Rate Variability Analysis in Sports." *Orv Hetil* 150: 847–853.

Archer, P. 2007. *Therapeutic Massage in Athletics*. Baltimore: Lippincott, Williams, and Wilkins.

Baldari, C., M. Videira, F. Madeira, J. Sergio, and L. Guidetti. 2005. "Blood Lactate Removal During Recovery at Various Intensities Below the Individual Anaerobic Threshold in Triathletes." *Journal of Sports Medicine and Physical Fitness* 45: 460–466.

Banister, E. W. 1991. "Modeling Elite Athletic Performance." In *Physiological Testing of the High-Performance Athlete*, ed. J. D. MacDougall, H. A. Wenger, and H. J. Green, 2nd ed., 403–424. Champaign, IL: Human Kinetics.

Barnett, A. 2006. "Using Recovery Modalities Between Training Sessions in Elite Athletes: Does It Help?" *Sports Medicine* 36: 781–796.

Benson, H. 2000. *The Relaxation Response*. New York: HarperCollins.

Best, T. M., R. Hunter, A. Wilcox, and F. Haq. 2008. "Effectiveness of Sports Massage for Recovery of Skeletal Muscle from Strenuous Exercise." *Clinical Journal of Sports Medicine* 18: 446–460.

Bompa, T. O., and G. G. Haff. 2009. *Periodization*. 5th ed. Champaign, IL: Human Kinetics.

Cooper, K. 1970. *The New Aerobics*. Eldora, IA: Prairie Wind.

Davies, V., K. G. Thompson, and S.-M. Cooper. 2009. "The Effects of Compression Garments on Recovery." *Journal of Strength and Conditioning Research* 23: 1786–1794.

Dueck, C. A., M. M. Manore, and K. S. Matt. 1996. "Role of Energy Balance in Athletic Menstrual Dysfunction." *International Journal of Sport Nutrition and Exercise Metabolism* 6: 165–190.

Engels, H. J., M. M. Fahlman, and J. C. Wirth. 2003. "Effects of Ginseng on Secretory IgA, Performance, and Recovery from Interval Exercise." *Medicine and Science in Sports and Exercise* 35: 690–696.

Fitzgerald, M. 2010. *Run: The Mind-Body Method of Running by Feel*. Boulder, CO: VeloPress.

Foster, C. 1998. "Monitoring Training in Athletes with Reference to Overtraining Syndrome." *Medicine and Science in Sports and Exercise* 30: 1164–1168.

Friel, J. 2009. *The Triathlete's Training Bible*. 3rd ed. Boulder, CO: VeloPress.

Friel, J., and G. Byrn. 2009. *Going Long: Training for Triathlon's Ultimate Challenge*. 2nd ed. Boulder, CO: VeloPress.

参考文献および推薦図書

Gill, N. D., C. M. Beaven, and C. Cook. 2006. "Effectiveness of Post-Match Recovery Strategies in Rugby Players." *British Journal of Sports Medicine* 40: 260–263.

Grunovas, A., V. Silinskas, J. Poderys, and E. Trinkunas. 2007. "Peripheral and Systemic Circulation After Local Dynamic Exercise and Recovery Using Passive Foot Movement and Electrostimulation." *Journal of Sports Medicine and Physical Fitness* 47: 335–343.

Hedley, A. M., M. Climstein, and R. Hansen. 2002. "The Effects of Acute Heat Exposure on Muscular Strength, Muscular Endurance, and Muscular Power in the Euhydrated Athlete." *Journal of Strength and Conditioning Research* 16: 353–358.

Hemmings, B., M. Smith, G. Graydon, and R. Dyson. 2000. "Effects of Massage on Physiological Restoration, Perceived Recovery, and Repeated Sports Performance." *British Journal of Sports Medicine* 34: 113.

Howatson, G., M. P. McHugh, J. A. Hill, J. Brouner, A. P. Jewell, K. A. van Someren, R. E. Shave, and S. A. Howatson. 2010. "Influence of Tart Cherry Juice on Indices of Recovery Following Marathon Running." *Scandinavian Journal of Medicine and Science in Sports* 20: 843–852.

Ivy, J. L., A. L. Katz, C. L. Cutler, W. M. Sherman, and E. F. Coyle. 1988. "Muscle Glycogen Synthesis After Exercise: Effect of Time of Carbohydrate Ingestion." *Journal of Applied Physiology* 64: 1480–1485.

Karp, J. R., J. D. Johnston, S. Tecklenburg, T. D. Mickleborough, A. D. Fly, and J. M. Stager. 2006. "Chocolate Milk as a Post-Exercise Recovery Aid." *International Journal of Sport Nutrition and Exercise Metabolism* 16: 78–91.

Kauppinen, K. 1989. "Sauna, Shower, and Ice Water Immersion: Physiological Responses to Brief Exposures to Heat, Cool, and Cold, Part I: Body Fluid Balance." *Arctic Medical Research* 48: 55–63.

Kelinson, A. 2009. *The Athlete's Plate: Real Food for High Performance*. Boulder, CO: VeloPress.

Kellmann, M. 2002. *Enhancing Recovery: Preventing Underperformance in Athletes*. Champaign, IL: Human Kinetics.

Kellmann, M., and W. Kallus. 2001. *Recovery-Stress Questionnaire for Athletes: User Manual*. Champaign, IL: Human Kinetics.

Kellmann, M., T. Patrick, C. Botterill, and C. Wilson. 2002. "The Recovery-Cue and Its Use in Applied Settings: Practical Suggestions Regarding Assessment and Monitoring of Recovery." In *Enhancing Recovery: Preventing Underperformance in Athletes*, ed. M. Kellmann, 219–229. Champaign, IL: Human Kinetics.

Kemmler, W., S. von Stengel, C. Köckritz, J. Mayhew, A. Wasserman, and J. Zapf. 2009. "Effect of Compression Stocking on Running Performance in Men Runners." *Journal of Strength and Conditioning Research* 23: 101–105.

Kuehl, K. S., E. T. Perrier, D. L. Elliot, and J. C. Chesnutt. 2010. "Efficacy of Tart Cherry Juice in Reducing Muscle Pain During Running: A Randomized Controlled Trial." *Journal of the International Society of Sports Nutrition* 7: 17.

Lamberg, L. 2005. "Sleep May Be Athletes' Best Performance Booster." *Psychiatric News,* August 19, n.p.

Lawrence, D., and V. V. Kakkar. 1980. "Graduated, Static, External Compression of the Lower Limb: A Physiological Assessment." *British Journal of Surgery* 67: 119–121.

Luders, E., A. W. Toga, N. Lepore, and C. Gaser. 2009. "The Underlying Anatomical Correlates of Long-Term Meditation: Larger Hippocampal and Frontal Volumes of Gray Matter." *NeuroImage* 45: 672–678.

参考文献および推薦図書

Mah, C. 2008. "Extended Sleep and the Effects on Mood and Athletic Performance in Collegiate Swimmers." Presentation to the annual meeting of Associated Professional Sleep Societies.

Mancinelli, C. A., D. S. Davis, L. Aboulhosn, M. Brady, J. Eisenhofer, and S. Foutty. 2006. "The Effects of Massage on Delayed Onset Muscle Soreness and Physical Performance in Female Collegiate Athletes." *Physical Therapy in Sport* 7: 5–13.

Martarelli, D., M. Cocchioni, S. Scuri, and P. Pompei. 2009. "Diaphragmatic Breathing Reduces Exercise-Induced Oxidative Stress." *Evidence-Based Complementary and Alternative Medicine*, available online at ecam.oxfordjournals.org/cgi/content/full/nep169.

McGonigal, K. 2010. "Your Brain on Meditation." *Yoga Journal* (August): 68–70, 92–98.

McNair, D., M. Lorr, and L. F. Droppleman. 1971, 1992. *Profile of Mood States Manual*. San Diego: Educational and Industrial Testing Service.

Meeusen, R., E. Nederhof, L. Buyse, B. Roelands, G. De Schutter, and M. F. Piacentini. 2008. "Diagnosing Overtraining in Athletes Using the Two Bout Exercise Protocol." *British Journal of Sports Medicine*, Aug. 14.

Negro, M., S. Giardina, B. Marzani, and F. J. Marzatico. 2008. "Branched-Chain Amino Acid Supplementation Does Not Enhance Athletic Performance but Affects Muscle Recovery and the Immune System." *Journal of Sports Medicine and Physical Fitness* 48: 347–351.

Neric, F. B., W. C. Beam, L. E. Brown, and L. D. Wiersma. 2009. "Comparison of Swim Recovery and Muscle Stimulation on Lactate Removal After Sprint Swimming." *Journal of Strength and Conditioning Research* 23: 2560–2567.

Neubauer, O., S. Reichhold, L. Nics, C. Hoelzl, J. Valentini, B. Stadlmayr, S. Knasmüller, and K. H. Wagner. 2010. "Antioxidant Responses to an Acute Ultra-endurance Exercise: Impact on DNA Stability and Indications for an Increased Need for Nutritive Antioxidants in the Early Recovery Phase." *British Journal of Nutrition* 104: 1129–1138.

Nieman, D. C., D. A. Henson, S. R. McAnulty, F. Jin, and K. R. Maxwell. 2009. "N-3 Polyunsaturated Fatty Acids Do Not Alter Immune and Inflammation Measures in Endurance Athletes." *International Journal of Sports Nutrition and Exercise Metabolism* 19: 536–546.

Noakes, T. 2001. *Lore of Running*, 4th ed. Champaign, IL: Human Kinetics.

Poindexter, R. H., E. F. Wright, and D. F. Murchison. 2002. "Comparison of Moist and Dry Heat Penetration through Orofacial Tissues." *Cranio* 20: 28–33.

Pollan, M. 2008. *In Defense of Food*. New York: Penguin.

Rountree, S. 2008. *The Athlete's Guide to Yoga: An Integrated Approach to Strength, Flexibility, and Focus*. Boulder, CO: VeloPress.

———. 2009. *The Athlete's Pocket Guide to Yoga: 50 Routines for Strength, Flexibility, and Balance*. Boulder, CO: VeloPress.

Rowbottom, D. G., D. Keast, and A. R. Morton. 1996. "The Emerging Role of Glutamine as an Indicator of Exercise Stress and Overtraining." *Sports Medicine* 21, no. 2: 80–97.

Rowlands, D. S., and D. P. Wadsworth. 2011. "Effect of High-Protein Feeding on Performance and Nitrogen Balance in Female Cyclists." *Medicine and Science in Sport and Exercise* 43, 1: 44–53.

Rusko, H., ed. 2003. *Cross Country Skiing*. Malden, MA: Wiley Blackwell.

Ryan, M. 2007. *Sports Nutrition for Endurance Athletes*. Boulder, CO: VeloPress.

Samuels, C. 2009. "Sleep, Recovery, and Performance: The New Frontier in High-Performance Athletics." *Physical Medicine and Rehabilitation Clinics of North America* 20: n.p.

Seebohar, B. 2004. *Nutrition Periodization for Endurance Athletes*. Boulder, CO: Bull Publishing.

Sellwood, K. L., P. Brukner, D. Williams, A. Nicol, and R. Hinman. 2007. "Ice-Water Immersion and Delayed-Onset Muscle Soreness: A Randomized Controlled Trial." *British Journal of Sports Medicine* 41: 392–397.

Smith, D. J., and S. R. Norris. 2002. "Training Load and Monitoring in an Athlete's Tolerance for Endurance Training." In *Enhancing Recovery: Preventing Underperformance in Athletes*, ed. M. Kellmann, 81–101. Champaign, IL: Human Kinetics.

Snyder, A. C., A. E. Jeukendrup, M. K. Hesselink, H. Huipers, and C. Foster. 1993. "A Physiological/Psychological Indicator of Over-Reaching During Intensive Training." *International Journal of Sports Medicine* 14: 29–32.

Sperlich, B., M. Haegele, S. Achtzehn, J. Linville, H.-C. Holmberg, and J. Mester. 2010. "Different Types of Compression Clothing Do Not Increase Sub-maximal and Maximal Endurance Performance in Well-Trained Athletes." *Journal of Sports Sciences* 28: 609–614.

Spiegel, K., R. Leproult, and E. Van Cauter. 1999. "Impact of Sleep Debt on Metabolic and Endocrine Function." *Lancet* 354: 1435–1439.

Stacey, D. L., M. J. Gibala, K. A. Martin Ginis, and B. W. Timmons. Forthcoming 2010. "Effects of Recovery Method on Performance, Immune Changes, and Psychological Outcomes." *Journal of Orthopaedic and Sports Physical Therapy* 40: 656–665.

Steinacker, J. M., and M. Lehmann. 2002. "Clinical Findings and Mechanisms of Stress and Recovery in Athletes." In *Enhancing Recovery: Preventing Underperformance in Athletes*, ed. M. Kellmann, 103–118. Champaign, IL: Human Kinetics.

Terblanche, E., and M. Coetzee. 2007. "The Effect of Graded Compression Socks on Maximal Exercise Capacity and Recovery in Runners." *Medicine and Exercise in Sport and Science* 39: 350.

Tessitore, A., R. Meeusen, R. Pagano, C. Benvenuti, M. Tiberi, and L. Capranica. 2008. "Effectiveness of Active Versus Passive Recovery Strategies After Futsal Games." *Journal of Strength and Conditioning Research* 22: 1402–1412.

Tucker, R., J. Dugas, and M. Fitzgerald. 2009. *The Runner's Body*. New York: Rodale.

Warden, S. J. 2010. "Prophylactic Use of NSAIDs by Athletes: A Risk/Benefit Assessment." *Physician and Sports Medicine* 38: 132–138.

Waring, R. H. 2006. "Report on Absorption of Magnesium Sulfate (Epsom Salts) across the Skin." Available at http://www.epsomsaltcouncil.org/articles/report_on_absorption_of_magnesium_sulfate.pdf.

Weerapong, P., P. A. Hume, and G. S. Kolt. 2005. "The Mechanisms of Massage and Effects on Performance, Muscle Recovery, and Injury Prevention." *Sports Medicine* 35: 235–256.

Wigernaes, I., A. T. H.stmark, P. Kierulf, and S. B. Str.mme. 2000. "Active Recovery Reduces the Decrease in Circulating White Blood Cells After Exercise." *International Journal of Sports Medicine* 21: 608–612.

Wilkin, L. D., M. A. Merrick, T. F. Kirby, and S. T. Devor. 2004. "Influence of Therapeutic Ultrasound on Skeletal Muscle Regeneration Following Blunt Contusion." *International Journal of Sports Medicine* 25: 73–77.

Wiltshire, E. V., V. Poitras, M. Pak, T. Hong, J. Rayner, and M. E. Tschakovsky. 2010. "Massage Impairs Postexercise Muscle Blood Flow and 'Lactic Acid' Removal." *Medicine and Science in Sports and Exercise* 42: 1062–1071.

索　引

【あ行】
アイシング　109
アイスバス　110
アイスパック　109
アクティブ・リカバリー　59, 63
アクティブ・レスト　62
アデノシン三リン酸　7
アミノ酸　106
アルコール　97
アルニカマッサージ・オイル　125
αリノレン酸　102
安静時心拍数　39
安静時代謝　42

1ヵ月のなかでのリカバリー　10
1シーズンのなかでのリカバリー　12
1週間のなかでのリカバリー　9
1日のなかでのリカバリー　8
1年間のなかでのリカバリー　12
痛み止め薬　107
痛みの区別　53
痛みの徴候　53
医薬品　107
意欲　32
インターネットでのコーチング　33

ウィンターグリーン・オイル　124
運動後過剰酸素消費　42
運動後に飲む飲料　104
運動と休息のサイクル　4

エイコサペンタエン酸　103
栄養摂取のタイミング　88
栄養補給　20, 87, 90

栄養補助食品　99
エプソム塩　126
エリプティカル・トレーナー　66
エルゴジェニック・エイド　105
炎症　109, 112
　——の軽減　96
遠征　76, 83

嘔吐　54
オーバートレーニング　8, 17, 19, 23, 37, 38, 106
　——徴候　20
　——防ぐ方法　20
オーバーユース　55
オーバーリーチング　18, 37
オブザベーション・メディテーション　180
温熱パック　116
温熱療法　109, 114
温浴　116
温冷交代療法　117

【か行】
外的ストレス　31
カウンティング・メディテーション　178
過剰酸素消費　7
渦流浴　116

器具の誤った使用　55
キネティック・チェーン　151
気分　30
休息　11
急速眼球運動　80
胸部のセルフ・マッサージ　159

225

索　引

起立性心拍数　40
記録をつける　49
緊張をほぐす儀式　84
筋ポンプ作用　120
筋膜リリース　144

クールダウン　60
クリーム　124
グリコーゲン　90
グルタミン　106
クレアチン　105
クロストレーニング　56

ケガからのリカバリー　51, 56
血液検査　19
血液循環　137
月経周期　31
血中酸素濃度計　39
血中乳酸値　38

抗炎症性作用　126
抗炎症性の食事　96
呼吸器感染症　54
抗酸化物質　101
呼吸　175
コルチゾール　38, 80
コンディショニングとしてのマッサージ　141
コンディショニング法　143
コンプレッション・ウエア　20
コンプレッション・ソックス　119

【さ行】
サーカディアンリズム　82
サイクリング　65
菜食主義者　89
サウナ　110, 115
サプリメント　99
サポーテッド・コープス・ポーズ　172
サポーテッド・サイド・ベンド　170
サポーテッド・スパイン・ツイスト　168
サポーテッド・チャイルズ・ポーズ　166
サポーテッド・バックベンド　169

サポーテッド・ブリッジ　171
サポーテッド・プローン・ツイスト　167
酸素消費量　42
酸素摂取量　42
酸素負債　7

ジェル・パック　117
脂質　88
質のよい睡眠　84
修正主観的運動強度　43
主観的運動強度　38, 43
受動的なアクティブ・リカバリー　130
主要栄養素　88
静脈還流　120
食事　88
身体の状態　30
身体の適応　18
身体的ストレス　71
浸透圧　97
信念　15
心拍数　19, 24, 38, 39
心拍変動　41
深部組織へのマッサージ　143
心理学的指標　19

水泳　65
水分　91
水分摂取　87
水分補給　96
睡眠　20, 31, 79
睡眠時間　81
睡眠障害　71, 83
睡眠のサイクル　81
睡眠の質　84
睡眠不足　79
睡眠補助薬　85
スウェーデン式マッサージ　142
スチームタオル　117
スチームルーム　115
ストラクチュラル・インテグレーション　144
ストレス　5
――解消　69

索　引

　　──管理　74
　　──休息とのアンバランス　17
　　──原因　72, 75
　　──対処の仕方　72
　　──適応　17
スポーツ栄養　89
スポーツ栄養士　99
スポーツ心理学者　77
スポーツドリンク　98
スレプトアウト　81

精神的ストレス　71
生体のリズム　63
成長ホルモン　38, 80
静的ストレッチング　60
正のストレス　5, 71
生理学的指標　19
セルフ・マッサージ　139, 151
　　──胸部　159
　　──足底部　158
　　──大腿四頭筋　154
　　──腸脛靱帯　155
　　──殿部外側　155
　　──背部　159
　　──ハムストリングス　155
　　──腓腹筋　155
　　──ふくらはぎ　155
セルフリカバリー法　119

総合ビタミン剤　100
足底部のセルフ・マッサージ　158

【た行】
体液の流出　97
大腿四頭筋のセルフ・マッサージ　154
体内時計　83
脱水　96, 118
短期トレーニング蓄積量　47
炭水化物　88, 90, 92
タンパク質　88, 89, 94
　　──サプリメント　104

遅発性筋痛　106, 123, 136

注意すべき痛みの徴候　53
超音波装置　129
超回復　5, 7, 18
長期トレーニング蓄積量　47
腸脛靱帯のセルフ・マッサージ　155
調整のためのトレーニング　34
チョウセンニンジン　106

ディストレス　5, 71
適応の4つの段階　6
電気刺激　130
電気パッド　116
殿部外側のセルフ・マッサージ　158

闘争か逃走反応　7
動的ストレッチング　60
東洋医学的方法　145
ドコサヘキサエン酸　103
トランセンデンタル・メディテーション　179
トリガー・ポイント　151, 152
トレーニング・インパルスシステム　43, 46
トレーニング・ストレス・スコア　37, 47
トレーニング・ピークス　29, 37
トレーニング以外のストレスの原因　72
トレーニング計画　73, 90
トレーニングゾーン　38
トレーニング日誌　24, 27, 39
トレーニングの強度　24
トレーニング負荷例　45
トレーニングプロトコル　63

【な行】
内的ストレス　31
ナトリウム　92

乳酸　38, 60, 123
尿の色　97
忍耐　15

ノーマテックMVP　131
ノンレム睡眠　80

227

索　引

【は行】

パートナーストレッチング　144
ハーブティー　84
背部のセルフ・マッサージ　159
バスソルト　126
パッシブ・レスト　62
パフォーマンス　30
　——悪化　19
ハムストリングスのセルフ・マッサージ　155
パルス酸素濃度計　39
瘢痕組織　138
汎適応症候群　5, 6

非急速眼球運動　80
非ステロイド系抗炎症剤　99, 107
必須脂肪酸　102
腓腹筋のセルフ・マッサージ　155
病気からのリカバリー　51, 56
氷浴　110
昼寝　82
疲労骨折　54

フォームローラー　152
ふくらはぎのセルフ・マッサージ　155
負のストレス　5, 71
フリーラジカル　101
プレッシャー　6, 31
プロテインサプリメント　104
分岐鎖アミノ酸（BCAA）　105

ホットタブ　116
ボルグ・スケール　43
ホルモン分泌　63, 80

【ま行】

毎日の食事　88
マインドフル・ブリージング　181
マクロサイクル　5
マッサージ　135
　——受ける際の注意点　148
　——受けるタイミング　145
　——種類　142
　——循環に対する効果　136
　——心理学的効果　141
　——セラピストを見つける方法　148
マルチビタミン剤　100
マントラ・メディテーション　178

ミクロサイクル　5
ミネラル　100

瞑想　175
メソサイクル　5, 10

目標チェック　75

【や行】

ユーストレス　5, 71
癒着　138
指先式血中酸素濃度計　39

ヨガ　20, 161
予防　51

【ら行】

ランニング　65
ランニング・トレーニング・ストレス・スコア　23
リカバリー
　——運動　61
　——確認方法　27
　——時間　188
　——時間的要素　8
　——質問紙法　25
　——重要性　13
　——測定のためのソフトウェア　46
　——測定の際の注意点　29
　——測定方法　25, 37
　——定量化　23
　——定量的な評価　37
　——用いる機器　129
　——要素　190
　——ヨガ　161
リカバリー飲料　104
リカバリーサイクル　17

索　引

リカバリーサプリメント　104, 105
リカバリースナック　89
　——成分　91
　——摂取するタイミング　90
　——選び方　94
リカバリーソックス　122
リカバリー・プロトコル　196, 202
リカバリーラン　63
リ・コンディショニング　144
リフレッシュ　11
リラクゼーション　141
リラックス　77
リラックス効果　126

冷却療法　109
レースデイ　46
レースプラン　76
レストワイズ　48
レッグズ・アップ・ザ・ウォール　164
レッグズ・オン・ア・チェア　165
レム睡眠　80

ローイング・マシン　66
ロルフィング　144

【わ行】
ワークアウト・ログ　29
ワールプール　116

【欧文】
Acute Training Load：ATL　47
adenosine triphosphate：ATP　7
AlterG トレッドミル　66
BCAA パウダー　106
Chronic Training Load：CTL　47
DHA　103
distress　5
EPA　103
eustress　5
excess postexercise oxygen consumption：
　　EPOC　7
general adaptation syndrome　5
n-3 系脂肪酸　96, 101
n-6 系脂肪酸　96, 102
NormaTec　131
NSAIDs　99
POMS（Profile of Mood States）質問紙
　　法　25
Recovery-Cue　26
RESTQ-Sport：Recovery-Stress
　　Questionnaire for Athletes　25
R-R 測定　41
rTSS　23
SMART　75
Training Stress Score：TSS　37, 47
TRIMP システム　43, 46
WKO+　23, 46

リカバリー —アスリートの疲労回復のために—　　　　　　　　　　　　　　　〈検印省略〉
2013年4月24日　第1版　第1刷
2013年9月20日　同　　第2刷

著　者	SAGE ROUNTREE
監訳者	山　本　利　春
訳　者	太　田　千　尋
	笠　原　政　志
	Aviva L.E. Smith Ueno
発行者	長　島　宏　之
発行所	有限会社　ナップ

〒111-0056　東京都台東区小島1-7-13 NKビル
TEL 03 5820-7522／FAX 03-5820-7523
ホームページ http://www.nap-ltd.co.jp/
印　刷　シナノ印刷株式会社

© 2013　Printed in Japan　　　　　　　　　　　　　　　ISBN978-4-905168-22-5

|JCOPY| 〈(社) 出版者著作権管理機構 委託出版物〉
本書の無断複写は著作権法上での例外を除き禁じられています．複写される場合は，そのつど事前に，(社) 出版者著作権管理機構 (電話 03-3513-6969, FAX 03-3513-6979, e-mail: info@jcopy.or.jp) の許諾を得てください．